Intelligence artificielle

Une approche ludique

Tristan CAZENAVE
Professeur au LAMSADE, université Paris-Dauphine

ellipses

ISBN 978-2-7298-6408-8

www.editions-ellipses.fr

Avant-propos

Cet ouvrage traite d'intelligence artificielle et de jeux. Il s'adresse aux étudiants, aux élèves d'écoles d'ingénieurs, aux enseignants, aux chercheurs et à tous ceux qui souhaitent s'initier ou se perfectionner en intelligence artificielle pour les jeux. Les connaissances requises pour aborder ce livre sont les notions de base d'informatique enseignées en premier cycle : savoir lire et écrire un algorithme et savoir l'implémenter dans un langage informatique (pour ce livre le C++).

Le livre commence par traiter les algorithmes pour les jeux à deux joueurs, puis les algorithmes pour les jeux à un joueur et finit par les approches alternatives.

Les sept premiers chapitres portent sur les algorithmes pour les jeux à deux joueurs. Le premier algorithme traité est aussi le plus classique, à savoir l'Alpha-Bêta. Le premier chapitre explique ce qu'est une fonction d'évaluation. Il prend comme exemple le jeu du Virus qui est ensuite réutilisé pour les chapitres deux et trois. Le deuxième chapitre montre comment utiliser cette fonction d'évaluation dans un algorithme Alpha-Bêta qui prévoit plusieurs coups de suite. De nombreuses heuristiques améliorant l'Alpha-Bêta sont aussi décrites. Le troisième chapitre explique l'utilisation d'une table de transposition qui est l'amélioration la plus importante de l'Alpha-Bêta. Le quatrième chapitre clôt les algorithmes de recherche en profondeur d'abord pour les jeux à deux joueurs avec les algorithmes de menaces. Ceux ci sont appliqués au Football des philosophes. Le cinquième chapitre traite de la recherche arborescente Monte-Carlo qui est un algorithme récent qui donne de meilleurs résultats que l'Alpha-Bêta pour certains jeux comme le jeu de Go qui sert d'illustration à ce chapitre. Le sixième chapitre traite des algorithmes de recherche en meilleur d'abord. Le septième chapitre présente l'analyse rétrograde qui permet de résoudre parfaitement les fins de parties ainsi que certains jeux comme l'Awele.

Les chapitres huit à douze décrivent les algorithmes pour les jeux à un joueur. Le huitième chapitre traite spécifiquement de la recherche du plus court chemin sur une carte. Le neuvième chapitre porte sur la recherche d'une solution de coût minimal pour les puzzles comme le Rubik's cube, le Taquin ou le voyageur de commerce. Le dixième chapitre montre comment utiliser l'analyse rétrograde pour les puzzles comme le Taquin ou le Rubik's cube. Le onzième chapitre montre comment utiliser les méthodes de Monte-Carlo pour les puzzles pour lesquels on ne dispose pas de bonnes heuristiques comme le Morpion Solitaire ou SameGame. Le douzième chapitre présente des rudiments de programmation par contraintes avec comme exemple le Sudoku.

Les chapitres treize à seize sont des introductions à des approches scientifiques complémentaires. Le treizième chapitre est une brève introduction aux algorithmes pour les jeux à information incomplète. Le quatorzième chapitre montre des rudiments de théorie combinatoire des jeux. Le quinzième chapitre présente les bases de la théorie des jeux. Le seizième chapitre évoque les jeux généraux.

Le principe de chaque chapitre est de commencer par des explications d'algorithmes suivies d'exercices pratiques pour mettre en œuvre les algorithmes sur des jeux. Les exercices sont corrigés en C++ à la fin de chaque chapitre. Les source des corrigés sont disponibles en ligne : http ://www.lamsade.dauphine.fr/∼cazenave/ludo/ludo.html

Je remercie Abdallah Saffidine et Annie Basséras pour leurs relectures attentives, Jean Méhat pour avoir partagé avec moi un cours de Master sur les jeux qui est à l'origine de ce livre, Cristina Bazgan et Suzanne Pinson pour m'avoir permis de donner ce cours en école doctorale et en Master, Florent Michel et Alain Gourdin pour m'avoir permis de le donner à des élèves ingénieurs, ainsi que tous les étudiants qui ont suivi mes cours d'intelligence artificielle pour les jeux, sans oublier bien sûr Hélène, Clémentine, Cyprien et Charles.

Table des matières

Chapitre 1

Fonctions d'évaluation

1.1 Influence de la représentation du problème

La façon dont on représente un jeu et les coups de ce jeu peut avoir une grande influence sur la difficulté d'un jeu. De même, elle peut avoir une grande influence sur les niveaux des programmes de jeux. On peut l'illustrer à l'aide des trois jeux suivants [62] :

- Jeu numéro 1 : Les joueurs jouent chacun leur tour. Au début du jeu 9 cartes numérotées de 1 à 9 sont posées et prêtes à être prises. A son tour, un joueur prend une des 9 cartes. Le premier joueur qui, parmi toutes ses cartes, a trois cartes dont la somme fait 15 a gagné.
- Jeu numéro 2, TicTacToe : Les joueurs jouent chacun leur tour. Un joueur fait des ronds, l'autre joueur fait des croix. A son tour, un joueur remplit avec un rond ou une croix une case vide du quadrillage. Le premier joueur qui aligne 3 ronds (resp. croix) a gagné.

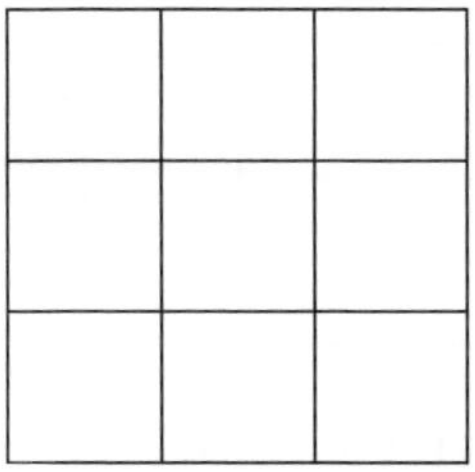

FIGURE 1.1 – Un damier de TicTacToe

– Jeu numéro 3 : Jouer au TicTacToe sur un carré magique :

4	9	2
3	5	7
8	1	6

FIGURE 1.2 – Un damier de TicTacToe Magique

Les trois jeux sont équivalents, la représentation n'est pas la même. Il nous est plus facile de raisonner avec la représentation du deuxième jeu qu'avec la représentation du premier. Le troisième jeu nous permet de jouer au jeu numéro 1 avec nos connaissances du TicTacToe.

De manière plus générale, des études psychologiques ont montré que la représentation d'un problème a une grande influence sur sa résolution. Par exemple on peut donner un problème sous plusieurs formes [5] :

Problème numéro 1 : On dispose d'autant de dominos 2×1 que l'on souhaite. Peut on complètement remplir un carré 4×4 dont on a ôté deux coins opposés avec des dominos 2×1 ?

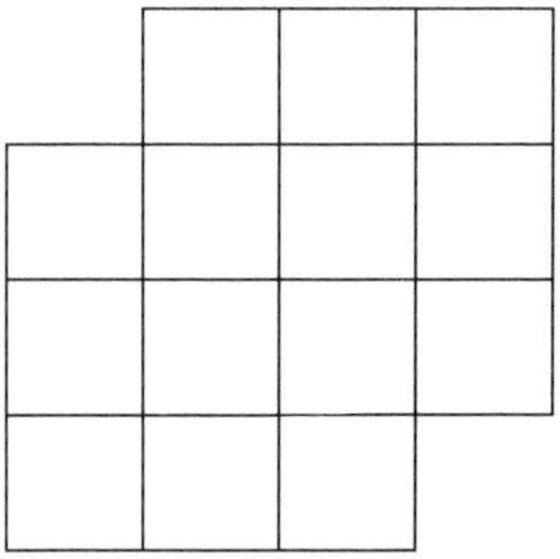

FIGURE 1.3 – Un damier tronqué

Problème numéro 2 : On dispose d'autant de dominos 2×1 que l'on souhaite. Chaque domino comporte une case noire et une case blanche. Peut on complètement remplir un damier tronqué coloré avec ces dominos ?

FIGURE 1.4 – Un damier tronqué coloré

La réponse est non, elle se trouve plus facilement que dans le cas du problème numéro 1. On utilise une représentation qui guide naturellement vers la solution. En effet, on peut observer que pour remplir le damier complet avec des dominos, cela ne pose pas de problème. On observe aussi que chaque case noire est voisine de cases blanches et vice-versa. On est donc obligé de remplir une case blanche à chaque fois qu'on remplit une case noire. Or dans le cas du damier tronqué, il manque deux cases blanches. On ne pourra donc pas le remplir puisqu'il y a deux cases noires de plus que de cases blanches. Il arrive souvent qu'un problème soit difficile avec une représentation et facile avec une autre représentation. Les chercheurs sur la reformulation automatique de problèmes essaient d'écrire des programmes qui se déplacent dans l'espace des représentations pour trouver celle qui est la plus appropriée à la résolution d'un problème.

1.2 Existence de stratégies toujours gagnantes

"- Combien de coups d'avance un grand maître calcule-t-il habituellement ?"

"- Un seul."

Richard Réti.

Un exemple de jeu résolu pour lequel il existe une stratégie simple pour gagner est le jeu de Nim. Le jeu de Nim se joue à deux. On dispose de plusieurs tas d'allumettes, chaque joueur prend à son tour autant d'allumettes qu'il le veut dans un tas. Le gagnant est le joueur qui prend la dernière allumette. On joue habituellement le jeu de Nim en commençant avec quatre tas de 1, 3, 5 et 7 allumettes. La stratégie gagnante consiste à transformer le nombre d'allumettes de chaque tas en sa représentation binaire. On fait alors la somme binaire sur chaque bit de la représentation binaire des nombres sans utiliser la retenue (ce qui est équivalent à faire un XOR des nombres). Si la somme binaire (ou le XOR) vaut 0, on est dans une position sûre, ce sont les positions qu'on cherche à atteindre lorsqu'on joue un coup. Si par contre on se retrouve après un coup dans une position non sûre, on a perdu.

Exemple :

```
I          1    0001
III        3    0011
IIIII      5    0101
IIIIIII    7    0111
                0000
```

La position de départ est une position sûre. Tous les coups qui peuvent être joués à partir de cette position sont des coups qui amènent à une position non sûre.

Exercice : Donner les coups gagnants dans cette position :

```
I          1    0001
III        3    0011
IIII       4    0100
IIIIIII    7    0111
                0001
```

Exercice : Programmer un joueur parfait de Nim

1.3 Une fonction d'évaluation aux Échecs

"- Préférez-vous une dame de plus aux échecs ou dans la vie ?"

"- Ça dépend de la position."

Boris Spassky.

Une fonction d'évaluation prend en entrée une position dans un jeu et donne en sortie une évaluation numérique pour cette position. L'évaluation est d'autant plus élevée que la position est meilleure. Dans les programmes d'Échecs, la fonction d'évaluation est composée d'une partie matérielle et d'une partie positionnelle.

Exemple de partie matérielle :

$$\begin{aligned}\text{Eval}(P) = {} & 200 \times (\text{Roi} - \text{RoiAdverse}) + 10 \times (\text{Dames} - \text{DamesAdverses}) + \\ & 5 \times (\text{Tours} - \text{ToursAdverses}) + \\ & 3 \times (\text{Cavaliers} - \text{CavaliersAdverses}) + \\ & 3 \times (\text{Fous} - \text{FousAdverses}) + \text{Pions} - \text{PionsAdverses}.\end{aligned}$$

L'évaluation de la position comprend aussi des facteurs positionnels :

- structure de pions
- mobilité
- contrôle du centre
- contrôle des cases importantes de la position
- placement des pièces
- sécurité du roi

La façon de calculer les facteurs positionnels peut être adaptée à la position avec un oracle. Par exemple HITECH, de H. Berliner et C. Ebeling comporte un algorithme d'oracle qui analyse en détail la position de départ et en déduit les points importants à considérer. Par exemple si on n'est pas en fin de partie, il est inutile de perdre du temps à examiner si un pion peut être promu s'il est loin de la 8ème ligne. Un autre exemple : avancer un pion couvrant un roque peut être catastrophique dans certaines situations, on peut décider de donner un handicap à la fonction d'évaluation aux positions pour lesquelles ce pion est avancé.

1.4 Le jeu du virus

Le jeu du virus est une simplification du jeu vidéo *Attaxx*. Le plateau de jeu est une grille carrée qui contient au début deux pions noirs et deux pions blancs placés sur des coins opposés comme sur le plateau de la figure 1.5. Un coup consiste à placer un pion de sa couleur sur une des huit cases voisines d'un pion déjà posé. La case doit être vide pour qu'on puisse poser un pion dessus. De plus après avoir posé le pion, tous les pions adverses sur les cases voisines de la case du pion posé changent de couleur et deviennent de la couleur du pion posé. Un exemple de coup est donné dans la figure 1.6. Le jeu se termine lorsque le plateau de jeu est rempli. Le gagnant est celui qui a le plus de pions sur le plateau. Le jeu du virus se joue habituellement sur un damier 7×7.

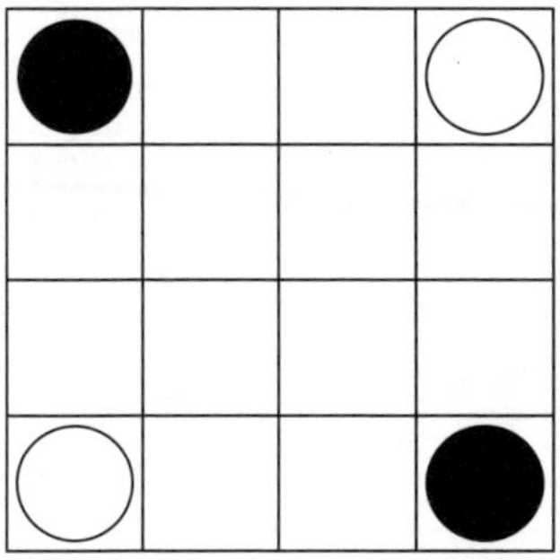

FIGURE 1.5 – La position de départ au jeu du virus 4x4.

Exercice : Imaginer une fonction d'évaluation pour le jeu du virus.

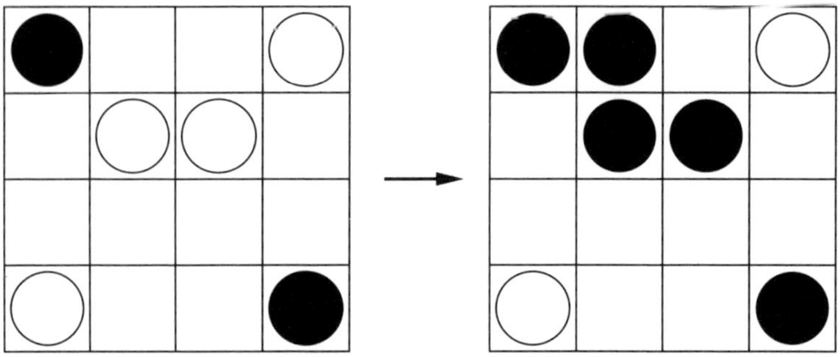

FIGURE 1.6 – Un coup noir au jeu du virus 4x4.

Exercice : Écrire un programme qui représente un jeu du virus et qui comprend une fonction d'évaluation pour ce jeu. Écrire une intelligence artificielle pour le jeu du virus qui choisit le coup qui amène à la position ayant la meilleure évaluation.

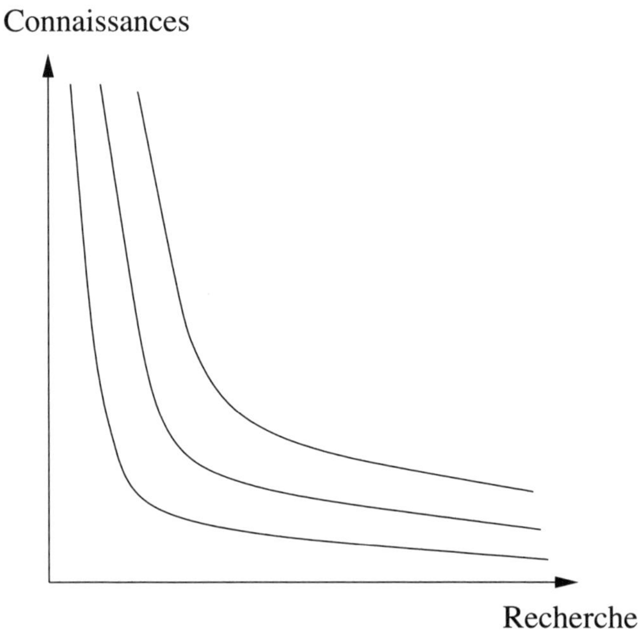

FIGURE 1.7 – Les courbes de niveau en fonction de l'effort de recherche et des connaissances utilisées dans la fonction d'évaluation.

1.5 Recherche contre connaissances

Lorsqu'on écrit un programme de jeu il est tentant d'écrire une fonction d'évaluation élaborée comportant de nombreuses connaissances de façon à bien diriger la recherche du meilleur coup. Toutefois la complexification de la fonction d'évaluation rend souvent le programme plus lent pour faire des évaluations et ralentit donc la recherche. Il peut donc arriver qu'un programme avec une fonction d'évaluation plus élaborée soit moins bon qu'un programme avec une fonction d'évaluation simple qui fait plus de recherche. Il devient donc naturel de se poser la question de la pertinence d'ajouter des connaissances dans la fonction d'évaluation en fonction du ralentissement de la recherche qu'elles induisent.

La figure 1.7 donne les courbes de niveau auxquelles on peut s'attendre en fonction des connaissances et de l'effort de recherche qu'on donne à un programme de jeu [61, 8]. Une courbe représente un niveau du programme constant. On peut remarquer qu'ajouter des connaissances lorsqu'il y a peu de recherche ou ajouter de la recherche lorsqu'il y a peu de connaissances améliore peu le programme. La conclusion est qu'il faut garder un bon équilibre entre recherche et connaissances.

Un étude empirique des courbes recherche versus connaissances a été faite aux Échecs, à Othello et au Checkers [47] mais aussi sur des finales d'Échecs [72] et sur le jeu Lines of Action [10]. Les courbes sont assez proches des courbes théoriques de la figure 1.7. Toutefois, pour les abscisses de l'effort de recherche proches de zéro, les courbes associées ne montent pas aussi haut que sur la courbe théorique.

1.6 Corrigés des exercices

1.6.1 Coups gagnants à Nim

Dans cette position :

I	1	0001
III	3	0011
IIII	4	0100
IIIIIII	7	0111
		0001

Les coups gagnants sont de retirer une allumette soit dans le tas à une allumette, soit dans le tas à trois allumettes soit dans le tas à sept allumettes.

1.6.2 Joueur parfait pour Nim

```
#include <iostream>

using namespace std;

int tas [4] = {7, 5, 3, 1};

int main () {
  int t, nombre;
  while (true) {
    cout << tas [0] << "␣" << tas [1] << "␣" <<
            tas [2] << "␣" << tas [3] << endl;
    if (tas [0] + tas [1] + tas [2] + tas [3] == 0) {
      cout << "J'ai␣gagne␣!" << endl;
      break;
    }
    do {
      cout << "Donnez␣le␣tas␣(entre␣0␣et␣3):␣";
      cin >> t;
      cout << "Donnez␣le␣nombre␣:␣";
      cin >> nombre;
    } while ((t < 0) || (t > 3) ||
             (tas [t] < nombre) || (nombre < 0));
    tas [t] -= nombre;
    cout << tas [0] << "␣" << tas [1] << "␣" <<
            tas [2] << "␣" << tas [3] << endl;
    for (int i = 0; i < 4; i++)
      for (int j = 1; j <= tas [i]; j++) {
        tas [i] -= j;
        if ((tas [0] ^ tas [1] ^ tas [2] ^ tas [3]) == 0) {
          t = i;
          nombre = j;
        }
        tas [i] += j;
      }
    cout << "Je␣prend␣" << nombre <<
            "␣dans␣le␣tas␣" << t << endl;
    tas [t] -= nombre;
  }
  return 0;
}
```

1.6.3 Fonction d'évaluation pour le jeu du virus

La fonction d'évaluation basique pour le jeu du Virus est de compter le nombre de pions de sa couleur et de lui retrancher le nombre de pions de l'adversaire. C'est cette fonction que nous utiliserons par la suite. On peut l'améliorer par exemple en ajoutant le nombre de coups légaux amis et en retranchant le nombre de coups légaux ennemis. D'une manière générale, les fonctions d'évaluation sont anti-symétriques : ce qu'on ajoute pour soi est ce qu'on retranche pour l'adversaire. On peut aussi penser à d'autres composants pour la fonction d'évaluation au jeu du Virus : par exemple le nombre de cases sûres qui ne peuvent pas être retournées par l'adversaire, ainsi que le nombre de cases pouvant être retournées.

D'une manière générale on essaie de rendre la fonction d'évaluation d'un jeu plus rapide en la rendant incrémentale (en évitant de recalculer ce qui ne change pas quand on passe d'une position à la suivante). Pour notre exemple du jeu du virus c'est très simple, il suffit de mémoriser l'évaluation dans une variable entière.

```
#include <iostream>
#include <list>
#include <algorithm>

using namespace std;

const int Taille = 7;

class Coup {
 public:
  char couleur;
  int x, y;
};

class Virus {
 public:
  char damier [Taille] [Taille];
  int eval;

  Virus () {
    init ();
  }

  void init () {
    for (int i = 0; i < Taille; i++)
      for (int j = 0; j < Taille; j++)
        damier [i] [j] = '+';
    damier [0] [0] = '@';
    damier [Taille - 1] [Taille - 1] = '@';
    damier [Taille - 1] [0] = 'O';
```

```
    damier [0] [Taille - 1] = 'O';
    eval = 0;
  }

  char adversaire (char couleur) const {
    if (couleur == 'O')
      return '@';
    return 'O';
  }

  void joue (const Coup & m) {
    damier [m.x] [m.y] = m.couleur;
    if (m.couleur == '@') eval++;
    else eval--;
    char autre = adversaire (m.couleur);
    int debutx = m.x - 1, finx = m.x + 1;
    int debuty = m.y - 1, finy = m.y + 1;
    if (debutx < 0) debutx = 0;
    if (debuty < 0) debuty = 0;
    if (finx > Taille - 1) finx = Taille - 1;
    if (finy > Taille - 1) finy = Taille - 1;
    for (int i = debutx; i <= finx; i++)
      for (int j = debuty; j <= finy; j++)
        if (damier [i] [j] == autre) {
          damier [i] [j] = m.couleur;
          if (m.couleur == '@') eval += 2;
          else eval -= 2;
        }
  }

  int evaluation (char couleur) const {
    if (couleur == '@')
      return eval;
    return -eval;
  }

  bool coupLegal (Coup & coup) {
    if (damier [coup.x] [coup.y] != '+')
      return false;
    for (int x = max (coup.x - 1, 0);
             x <= min (coup.x + 1, Taille - 1); x++)
      for (int y = max (coup.y - 1, 0);
               y <= min (coup.y + 1, Taille - 1); y++)
        if (damier [x] [y] == coup.couleur)
          return true;
    return false;
  }
```

```
  list<Coup> coupsLegaux (char couleur) {
    list<Coup> liste;
    Coup coup;
    coup.couleur = couleur;
    for (int i = 0; i < Taille; i++)
      for (int j = 0; j < Taille; j++) {
        coup.x = i;
        coup.y = j;
        if (coupLegal (coup))
          liste.push_back (coup);
      }
    return liste;
  }

  friend ostream & operator << (ostream & sortie,
                                 const Virus & v);
};

ostream & operator << (ostream & sortie,
                        const Virus & v) {
  sortie << "  ";
  for (int i = 0; i < Taille; i++)
    sortie << i << " ";
  sortie << endl;

  for (int i = 0; i < Taille; i++) {
    sortie << i << " ";
    for (int j = 0; j < Taille; j++)
      sortie << v.damier [j] [i] << " ";
    sortie << endl;
  }
  sortie << "evaluation pour @ = " <<
    v.evaluation ('@') << endl;
  return sortie;
}

Virus virus;

int main () {
  list<Coup> listeCoups;
  while (true) {
    cout << virus;
    listeCoups = virus.coupsLegaux ('@');
    if (listeCoups.empty ())
      break;
    cout << "Donnez votre coup : ";
```

```
    Coup coup;
    coup.couleur = '@';
    do {
      cin >> coup.x >> coup.y;
    } while (!virus.coupLegal (coup));
    virus.joue (coup);
    cout << virus;
    listeCoups = virus.coupsLegaux ('O');
    if (listeCoups.empty ())
      break;
    int meilleureEvaluation = - Taille * Taille - 1;
    for (list<Coup>::iterator it = listeCoups.begin ();
         it != listeCoups.end (); ++it) {
      Virus v = virus;
      v.joue (*it);
      int eval = v.evaluation ('O');
      if (eval > meilleureEvaluation) {
        meilleureEvaluation = eval;
        coup = *it;
      }
    }
    cout << "Je joue en " << coup.x << " " <<
      coup.y << endl;
    virus.joue (coup);
  }
  return 0;
}
```

Chapitre 2

Minimax, Alpha-Bêta et heuristiques associées

"La vérité est comme le meilleur coup aux échecs : elle existe, mais il faut la chercher."

Arturo Perez-Reverte.

Dans ce chapitre nous allons voir des algorithmes de recherche en profondeur d'abord qui permettent de prévoir le déroulement d'une partie sur plusieurs coups. Un avantage des algorithmes de recherche en profondeur d'abord est qu'ils sont peu coûteux en mémoire. C'est un avantage important sur les algorithmes en meilleur d'abord ou en largeur d'abord qui sont limités en pratique sur les problèmes de grande taille par la mémoire disponible. Un autre avantage important des algorithmes de recherche en profondeur d'abord est qu'ils permettent d'évaluer une position rapidement en réutilisant les informations de la position précédente qui n'a changé que d'un coup par rapport à la position à évaluer. L'ordre de recherche des positions permet de connaître les informations sur la position avant le coup qui a mené à cette position. On peut utiliser les informations de la position précédente pour recalculer plus rapidement les informations sur la position courante, en ne calculant que la différence avec la position précédente induite par le coup.

Ce chapitre traite du Minimax, de l'Alpha-Bêta et des heuristiques associées qui le rendent plus efficace. L'utilisation d'une table de transposition est une optimisation très importante pour l'Alpha-Bêta qui est traitée dans le chapitre suivant.

2.1 Le Minimax

On se place maintenant dans le cadre des jeux à deux joueurs. L'algorithme Minimax, ses variantes et améliorations sont utilisés dans de nombreux programmes de jeux à deux

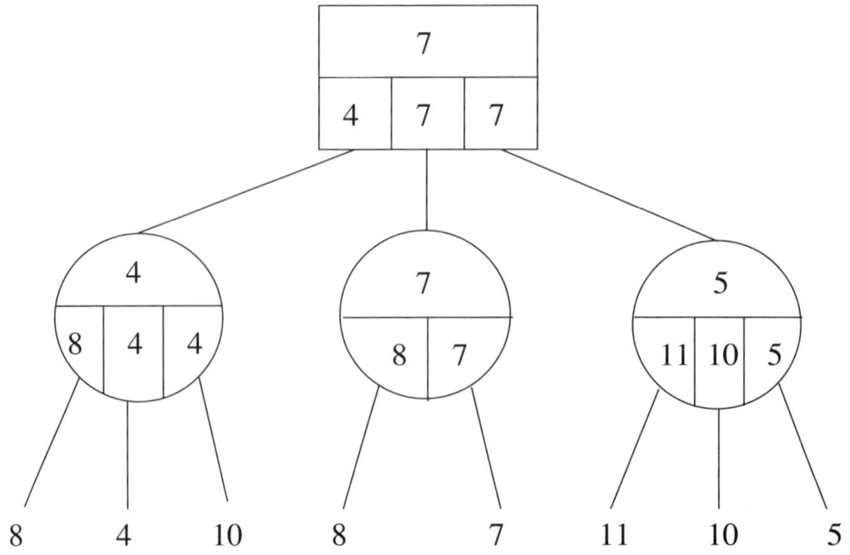

FIGURE 2.1 – Un exemple d'arbre Minimax évalué.

joueurs. Il concerne les jeux à somme nulle, c'est à dire dont la somme des gains des deux joueurs est constante, et à information complète (les deux joueurs connaissent toute la position).

On rappelle qu'une fonction d'évaluation prend en entrée une position dans un jeu et donne en sortie une évaluation numérique pour cette position. L'évaluation est d'autant plus élevée que la position est bonne pour le joueur.

Si une fonction d'évaluation est parfaite, il est inutile d'essayer de prévoir plusieurs coups de suite. Toutefois, pour les jeux un peu complexes comme les Échecs, on ne connaît pas de fonction d'évaluation parfaite. Un programme est amélioré si à partir d'une bonne fonction d'évaluation il prévoit les conséquences de ses coups sur plusieurs coups de suite.

L'hypothèse fondamentale du Minimax est que l'adversaire utilise la même fonction d'évaluation que le programme.

Notre but est de trouver le coup qui maximise la fonction d'évaluation, alors que le but de l'adversaire est de choisir le coup qui minimise la fonction d'évaluation. Or les deux adversaires jouent chacun leur tour et en général c'est le joueur ami qui joue en premier puisqu'on cherche le meilleur coup à jouer pour le joueur ami. On va donc choisir les coups qui maximisent l'évaluation lorsque c'est au joueur ami de jouer et les coups qui minimisent l'évaluation lorsque c'est au joueur ennemi de jouer.

On représente habituellement un arbre Minimax avec des rectangles pour les noeuds Max et des ronds pour les noeuds Min. Les feuilles correspondent aux positions évaluées.

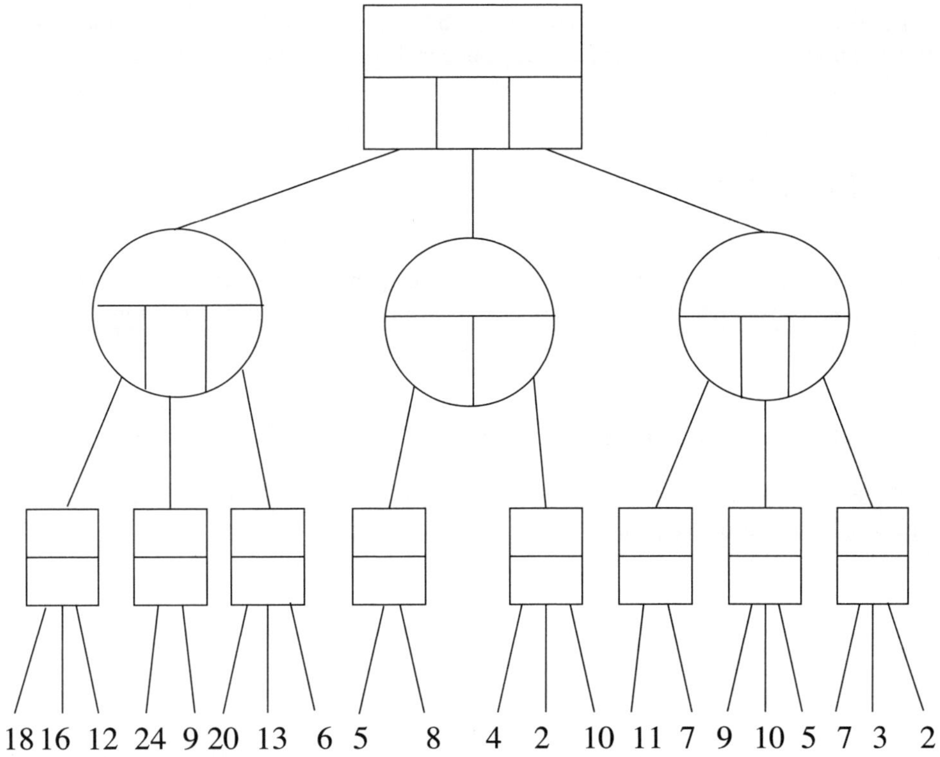

FIGURE 2.2 – Un arbre Minimax.

La figure 2.1 donne un arbre Minimax évalué. La racine de l'arbre est un noeud Max. On commence par évaluer les noeuds internes au dessus des feuilles puis on remonte les évaluations dans l'arbre. Le score d'un noeud Min est le minimum des scores de ses fils et le score d'un noeud Max est le maximum des scores de ses fils. Le score est ce qui se trouve dans la partie supérieure d'un noeud. La partie inférieure montre l'évaluation courante du noeud au fur et à mesure d'un parcours en profondeur d'abord de l'arbre en commençant par les fils les plus à gauche.

Exercice : Quelle est la valeur de la racine de l'arbre de la figure 2.2 en utilisant l'algorithme Minimax ? Combien de noeuds a-t-on développé et combien d'évaluations a-t-on effectué ?

On souhaite maintenant implémenter un algorithme Minimax pour le jeu du virus vu dans le chapitre sur les fonctions d'évaluation.

Exercice : Écrire une classe Virus pour le jeu du virus qui permette d'annuler le dernier coup joué pour arriver à la position. Écrire de plus une fonction qui permette d'évaluer une position lorsqu'il n'y a plus de coups possible pour l'un des joueurs.

Exercice : Écrire les fonctions `maxi (int depth, Coup &`

`meilleurCoup)` et `mini (int depth)` qui s'appellent mutuellement pour effectuer une recherche Minimax à la profondeur `depth` pour le jeu du virus.

2.2 Le Negamax

Plutôt que d'écrire deux fonctions *mini* et *maxi*, on peut inverser le signe des évaluations à chaque niveau, et toujours chercher à maximiser. On a alors l'algorithme Negamax qui n'utilise qu'une seule fonction récursive qui maximise à tous les niveaux.

L'algorithme Negamax est en général celui qui est utilisé pour décrire des heuristiques car il suffit d'écrire l'heuristique pour le seul niveau max.

Exercice : En utilisant les mêmes fonctions prédéfinies que pour le Minimax programmez l'algorithme Negamax.

2.3 L'Alpha-Bêta

L'Alpha-Bêta est un algorithme qui renvoie toujours la même valeur que le Minimax, mais qui n'utilise jamais plus de noeuds pour effectuer sa recherche. En pratique, il développe beaucoup moins de noeuds car il coupe des parties entières de l'arbre. Couper une partie de l'arbre signifie qu'il n'explore pas cette partie. Faire une coupe dans l'arbre signifie qu'il arrête la recherche d'un noeud avant d'avoir exploré tous les fils de ce noeud. L'Alpha-Bêta doit son nom aux deux formes de coupes qu'il emploie : les coupes alpha et les coupes bêta.

Les coupes alpha se font aux niveaux Min. Elles sont basées sur l'observation que si la valeur d'un noeud de niveau Min est plus petite que la valeur du noeud de niveau Max supérieur, quelles que soient les valeurs suivantes au niveau Min, elles ne changeront pas la valeur du niveau Max supérieur. Un exemple de coupe alpha est donné en figure 2.3.

La coupure bêta est la coupe symétrique de la coupe alpha pour les niveaux Max.

Exercice : Trouver un exemple de coupe bêta.

Exercice : Reprendre l'arbre développé avec le Minimax. Quelle est la valeur de la racine en utilisant l'algorithme Alpha-Bêta, combien de noeuds a-t-on développé et combien d'évaluations a-t-on effectuées ?

L'ordre dans lequel sont essayés les coups dans l'Alpha-Bêta est très important. Il faut commencer par les meilleurs. Du bon ordre des coups dépend le nombre de coupes. Mieux les coups sont ordonnés, plus le nombre de coupes sera important, plus le nombre de noeuds évalués sera petit et plus l'algorithme donnera une réponse rapidement.

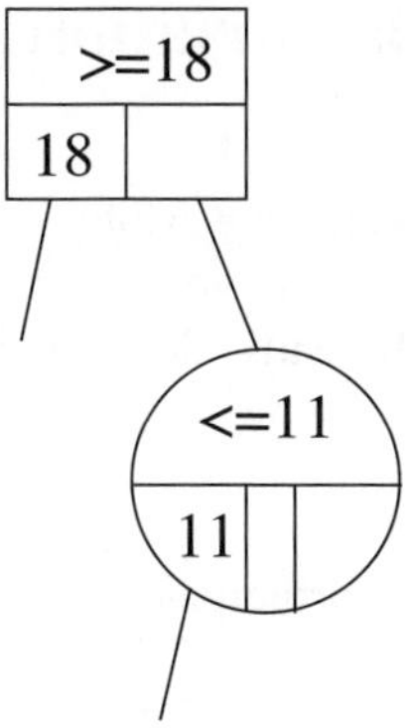

FIGURE 2.3 – Une coupe alpha.

Propriété : Lorsque le Minimax trouve un coup en n noeuds, l'Alpha-Bêta peut trouver ce même coup en $2\sqrt{n} - 1$ noeuds si les coups sont ordonnés du meilleur au moins bon [51]. En pratique cela permet à temps constant de faire une recherche deux fois plus profonde.

Algorithm 1 Alpha-Bêta

$\alpha\beta$ $(depth, \alpha, \beta, joueur)$
if $depth = 0$ **then**
  retourner l'évaluation de la position courante pour $joueur$
end if
for tous les coups possibles pour $joueur$ **do**
  jouer le coup
  $eval$ = -$\alpha\beta$ $(depth - 1, -\beta, -\alpha,$ adversaire $(joueur))$
  if $eval > \alpha$ **then**
    $\alpha = eval$
  end if
  retirer le coup
  if $\alpha \geq \beta$ **then**
    retourner β
  end if
end for
retourner α

L'algorithme 1 décrit l'algorithme Alpha-Bêta.

Exercice : Modifiez le programme pour le Negamax de façon à implémenter l'algorithme Alpha-Bêta pour le jeu du virus.

2.4 Mémorisation de la variation principale

La variation principale d'une recherche Alpha-Bêta est la suite des meilleurs coups pour les deux adversaires. Elle permet de voir ce que le programme à prévu. Elle commence par le meilleur coup pour Max suivi de la meilleure réponse pour Min et ainsi de suite jusqu'au dernier coup. Le nombre de coups de la variation principale est la profondeur de la recherche effectuée.

Exercice : Quelle est la variation principale de l'arbre 2.2 ?

Exercice : Modifier l'algorithme Alpha-Bêta pour qu'il mémorise la variation principale.

La variation principale peut être utilisée pour récupérer le meilleur coup : c'est le coup en tête de liste.

2.5 L'Effet d'horizon et la recherche de quiescence

Il y a deux inconvénients au fait qu'on doive fixer une profondeur maximum. Le premier étant que le programme ne peut prévoir les effets d'un coup à une profondeur dépassant la profondeur maximum. Le second est que cela introduit des effets non désirés dans les choix du programme : l'horizon étant défini comme la profondeur maximum de la recherche, le programme fera toutes les menaces qu'il peut et qui sont pourtant inutiles, voire néfastes, pour repousser au-delà de son horizon un événement qui lui est défavorable. C'est ce qu'on appelle l'effet d'horizon : le programme repousse les événements défavorables au-delà de son horizon. Par exemple aux Échecs, si une dame est de toutes façons prise mais que la prise peut être repoussée au delà de l'horizon en sacrifiant un cavalier, le programme choisira de sacrifier inutilement son cavalier pour repousser la prise de la dame au delà de son horizon.

Une parade possible à l'effet d'horizon est d'utiliser une méta-fonction d'évaluation qui n'évalue pas la position mais plutôt qui évalue le type de la position. Cette méta-fonction d'évaluation évalue si une position est stable (aux Échecs, essentiellement s'il reste des pièces en prise). Elle est utilisée pour savoir si une position est évaluable ou si on doit continuer à la développer. Une position stable a une évaluation en laquelle on peut avoir confiance alors qu'une position instable n'a pas une évaluation fiable.

La recherche de quiescence consiste à continuer à chercher les positions instables tant qu'on ne trouve pas de position stable à évaluer. Lors d'une recherche de quiescence, on restreint les coups à explorer pour éviter des recherches trop coûteuses. Les coups de quiescence couramment utilisés dans les programmes d'Échecs sont les coups de capture et les coups de promotion (sauf quand le Roi est en échec).

Exercice : Écrire une fonction `list<Coup> coupsQuiescence (char` joueur) qui ne sélectionne que les coups liés à la quiescence (par exemple les coups qui modifient plus de cinq cases au jeu du virus). Programmer ensuite une fonction qui effectue une recherche de quiescence au jeu du virus. À chaque feuille de l'arborescence Alpha-Bêta principale, appeler la fonction quiescence pour évaluer la position.

Attention : La recherche de quiescence n'est pas limitée en profondeur. Il faut faire attention à ne pas sélectionner trop de coups dans la fonction list<Coup> coupsQuiescence (char joueur) si on ne veut pas risquer une explosion combinatoire de la fonction de quiescence. Par exemple, aux Échecs, on n'essaiera pas toutes les captures, mais seulement les captures de pièces importantes. D'une manière plus générale, il y a un équilibre à trouver entre le temps passé dans la recherche de quiescence et le temps passé dans la recherche Alpha-Bêta principale. De plus il est préférable d'utiliser une fonction d'évaluation qui ne dépend pas de la profondeur à laquelle on l'appelle car on va comparer des évaluations à des profondeurs différentes.

2.6 L'approfondissement itératif

L'approfondissement itératif commence par effectuer une recherche de profondeur 1, puis recommence avec une recherche complète à profondeur 2, et continue ainsi à faire des recherches à des profondeurs de plus en plus grandes jusqu'à ce qu'une solution soit trouvée ou que le temps imparti à la recherche soit écoulé.

Questions : Quelle est la complexité de l'approfondissement itératif jusqu'à la profondeur d par rapport à une recherche directe en profondeur d'abord à la profondeur d ? Pourquoi est-il intéressant d'effectuer un approfondissement itératif ?

Réponses :

A priori, l'approfondissement itératif perd du temps dans les itérations précédant la dernière itération. Toutefois, ce travail supplémentaire est généralement beaucoup plus petit que la dernière itération. S'il y a n coups explorés pour chaque position, le nombre de feuilles à la profondeur k est n^k. Le nombre de feuilles engendrées par un approfondissement itératif jusqu'à la profondeur d est donc de $n^d + n^{d-1} + n^{d-2} + n^{d-3} + ... + n$. Ce qui est en $O(n^d)$. Si n est assez grand, le premier terme est nettement plus grand que tous les autres, c'est donc la dernière itération qui prend la plus grande partie du temps. La complexité en espace de l'approfondissement itératif est linéaire en fonction de la profondeur de recherche. Si on considère l'asymptote, l'approfondissement itératif est un algorithme de recherche optimal aussi bien en temps qu'en espace [52].

L'approfondissement itératif est intéressant car il permet de contrôler le temps alloué à une recherche. C'est un algorithme temps réel. A tout moment, il peut être arrêté et donner la meilleur solution trouvée dans le temps imparti.

Enfin l'intérêt principal pour la programmation des jeux est qu'il permet de récupérer des informations de la recherche à la profondeur précédente. Ces informations sont très

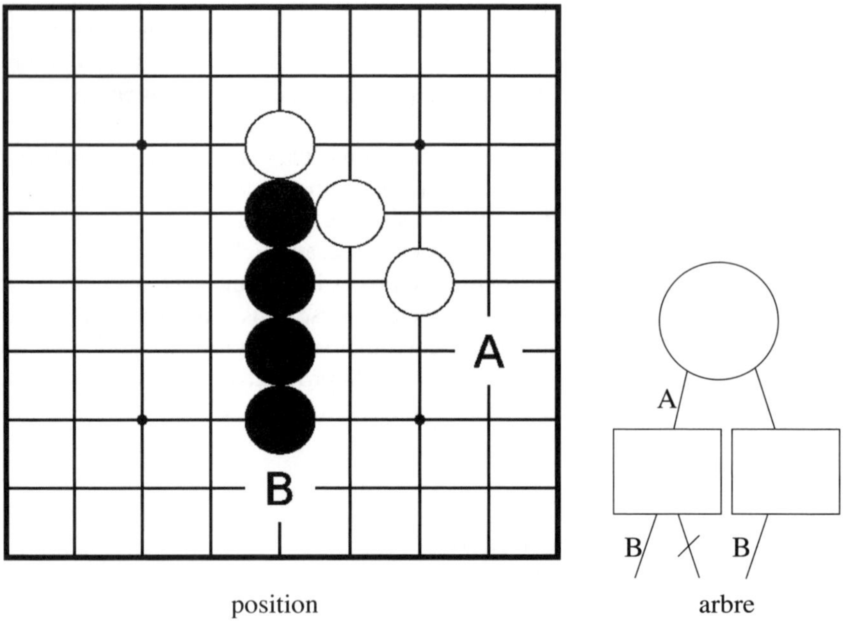

FIGURE 2.4 – La réponse noire B au coup blanc A est un coup qui tue au Go-Moku.

importantes pour maximiser le nombre de coupes Alpha-Bêta dans la recherche courante. En effet, les coups qui ont été les meilleurs dans la recherche à la profondeur précédente ont de bonnes chances d'être aussi les meilleurs pour la profondeur courante, et en essayant les meilleurs coups en premier, on augmente le nombre de coupes Alpha-Bêta. Nous reviendrons sur cette optimisation dans le chapitre sur les tables de transposition.

Exercice : Programmer l'approfondissement itératif pour le jeu du virus.

2.7 L'heuristique des coups qui tuent

L'ordre dans lequel on considère les coups a une grande influence sur l'efficacité de l'algorithme Alpha Bêta. Les coups qui tuent (killer moves) amènent souvent à des coupes Alpha-Bêta. Le principe des coups qui tuent est d'essayer en priorité pour une position à profondeur donnée des coups qui ont déjà amenés à une coupe Alpha-Bêta pour des positions à cette profondeur. On peut mémoriser un ou plusieurs coups qui tuent pour chaque profondeur de recherche.

La figure 2.4 donne un exemple de coup qui tuent au Go-Moku (le but est d'aligner 5 pierres en jouant chacun son tour sur une grille carrée). Si blanc joue en A, la réponse noire en B gagne la partie. Elle amène donc à une coupe Alpha-Bêta, et on mémorise à la profondeur de B le coup noir B comme coup qui tue. Pour tous les coups blancs à la racine différents de A, on essaiera en premier comme réponse noire, le coup en B, qui amènera toujours à une coupe Alpha-Bêta sauf quand blanc a lui même joué en B à la racine.

L'arbre à droite de la position de la figure 2.4 montre le fonctionnement des coups qui tuent. L'Alpha-Bêta commence par jouer le coup blanc A, puis lorsque noir lui répond en B, il y a une coupe Alpha-Bêta. Le coup noir en B est donc stocké comme coup qui tue à la profondeur de B. Lorsque blanc essaie un autre coup à la racine, noir lui répond en premier le coup qui tue en B.

Exercice : Modifier l'Alpha-Bêta pour lui faire essayer en priorité deux coups qui tuent. Commencez par déclarer la structure de données qui permettra de mémoriser les coups qui tuent. Puis écrivez la fonction qui les mémorise, en écrasant le coup le plus anciennement mémorisé. Modifiez enfin l'Alpha-Bêta pour qu'il joue en priorité deux coups qui tuent tout en vérifiant qu'ils sont légaux. Faites attention à ce que l'Alpha-Bêta ne les essayent pas deux fois ce qui serait inutile et coûteux.

2.8 L'heuristique de l'historique

L'heuristique de l'historique (history heuristic [75, 76]) consiste à tenir à jour une note globale pour chaque coup légal rencontré dans l'arbre de recherche qui a amené à au moins une coupe Alpha-Bêta. À chaque fois qu'un coup amène à une coupe Alpha-Bêta, sa note est ajustée d'un montant qui est fonction de la profondeur du sous-arbre exploré après ce coup. On peut par exemple ajouter 4^{depth} à la note du coup ayant amené à une coupe, *depth* étant la profondeur du sous arbre qui a été développé sous le coup. On ordonne les coups à tester dans l'Alpha-Bêta en fonction de leur note. On commence par essayer ceux ayant la note la plus élevée. Le principe d'ajouter 4^{depth} à la note du coup est de privilégier les coups qui ont amené à des coupes proches de la racine : ces coupes sont plus importantes que les coupes plus éloignées de la racine car elles coupent des arbres plus profonds et donc plus volumineux. L'heuristique de l'historique amène à privilégier les coups qui coupent, et parmi ces coups, ceux qui ont coupé proche de la racine. J. Schaeffer a montré que l'heuristique de l'historique associée aux tables de transposition est responsable de 99% des réductions de recherche dans l'Alpha-Bêta [76]. En général on trie les coups avec l'heuristique de l'historique après avoir essayé les autres coup prioritaires comme le coup de transposition (voir chapitre suivant) et les coups qui tuent.

Pour programmer l'heuristique de l'historique, on supposera que la classe Coup a une fonction membre `nombre ()` qui renvoie un nombre associé au coup. Ce nombre est compris entre 0 et une constante MaxNombre. Dans les jeux où cela est possible, on programmera la fonction `nombre ()` pour qu'il y ait une bijection entre les coups et les nombres (c'est par exemple possible au jeu du virus, au Go-Moku, au Go et aux Échecs). Quand ce n'est pas possible en pratique, par exemple aux Dames à cause du grand nombre de coups de prise possibles, on fera correspondre le même nombre à des coups similaires, par exemple aux dames en codant dans le nombre le type de pièce, la case de départ et la case d'arrivée.

Exercice : Définir la bijection entre coups et nombres au jeu du Virus.

Exercice : Modifier l'Alpha-Bêta pour prendre en compte l'heuristique de l'historique. Commencer par déclarer les structures de données nécessaires. Puis écrire les fonctions d'initialisation, de mise à jour des scores, et de tri des coups. Modifier enfin l'Alpha-Bêta.

2.9 La recherche aspirante

Plutôt que d'appeler l'Alpha-Bêta avec des valeurs initiales de la plus petite évaluation possible pour alpha et de la plus grande évaluation possible pour bêta, on peut lui permettre de couper plus de branches, si on augmente (resp. diminue) la valeur initiale de alpha (resp. bêta). Si la valeur retournée par l'Alpha-Bêta est comprise entre les alpha et bêta initiaux, le résultat sera tout de même juste, bien que l'on ait coupé plus de branches inutiles qu'avec les valeurs extrêmes.

On appelle fenêtre de l'Alpha-Bêta l'ensemble des valeurs comprises entre alpha et bêta.

Dans la recherche aspirante, les résultats de la recherche précédente permettent de régler les valeurs initiales pour alpha et bêta. Au début de chaque itération sur la profondeur, la valeur maximale (resp. minimale) est initialisée avec le résultat remonté de l'itération précédente, additionnée (resp. diminuée) d'une valeur fixée (par exemple aux Échecs, de la valeur d'un pion). Si la recherche avec cette fenêtre réduite échoue (le résultat n'est pas inclus dans la fenêtre) la fenêtre de l'Alpha-Bêta est ajustée. Si on échoue vers le bas (résultat < alpha), elle est ajustée à [valeur minimale, alpha]. Si on échoue vers le haut (résultat > bêta), elle est ajustée à [beta, valeur maximale].

La recherche aspirante est une amélioration de l'approfondissement itératif. Les résultats de la recherche à profondeur p sont généralement assez proches des résultats de la recherche à profondeur $p - 1$. On peut donc centrer la fenêtre sur la valeur retournée par la recherche précédente.

Exercice : Combiner la recherche aspirante avec l'approfondissement itératif.

2.10 La recherche avec fenêtre nulle

En poussant l'idée de fenêtre jusqu'au bout, on obtient la recherche avec fenêtre nulle (Null-Window Search). Cela consiste à appeler l'Alpha-Bêta avec une fenêtre [valeur, valeur + 1], sachant que la fonction d'évaluation est entière avec des différences d'évaluation minimales de un point. Les arbres développés sont alors plus petits, et on peut ajuster vers le haut ou vers le bas la valeur en fonction de ce que retourne l'Alpha-Bêta. Il a été montré que cet algorithme, qui associé aux tables de transposition s'appelle MTD(f)

[68], développe les feuilles de l'arbre dans le même ordre qu'un algorithme en meilleur d'abord qui a été prouvé meilleur qu'Alpha-Bêta : SSS* [84].

2.11 La recherche avec variation principale

La recherche avec variation principale (Principal Variation Search) permet une petite amélioration sur l'Alpha-Bêta simple en utilisant des recherches avec fenêtres nulles. Pour cela, on divise les noeuds de la recherche Alpha-Bêta en trois types distincts :

- Les noeuds alpha pour lesquels tous les coups retournent une valeur plus petite ou égale à alpha.
- Les noeuds bêta pour lesquels au moins un coup retourne une valeur supérieure ou égale à bêta.
- Les noeuds de la variation principale (noeuds PV) pour lesquels au moins un des coups a une valeur supérieure à alpha, mais aucun des coups ne retourne une valeur supérieure ou égale à bêta.

En supposant que les coups sont envisagés des meilleurs aux moins bons, on peut essayer de deviner le type d'un noeud en fonction de la valeur retournée par la recherche sur le premier coup envisagé. Si la valeur est supérieure à bêta, on est sûr qu'on a un noeud bêta. Si la valeur est inférieure à alpha, et que l'on fait l'hypothèse que le premier coup a de grandes chances d'être le meilleur, on peut estimer qu'on a de grandes chances d'être en présence d'un noeud alpha. Si la valeur est comprise entre alpha et bêta, on a de grandes chances d'être en présence d'un noeud PV.

Le principe de la recherche avec variation principale est de faire une recherche normale jusqu'à ce qu'on trouve un coup qui a une valeur comprise entre alpha et bêta. On fait alors l'hypothèse que ce coup est le meilleur et on ne cherche plus qu'à prouver que les coups suivants sont moins bons. Si ce n'est pas le cas, il faudra refaire une recherche pour le coup qui se révèle être meilleur. Faire des recherches avec une fenêtre nulle pour prouver que les coups qui suivent le coup de la variation principale sont moins bons, est moins coûteux que de faire des recherches avec la fenêtre normale. Toutefois, quand un coup suivant le coup de la variation pincipale est meilleur, il faut refaire une recherche et la recherche avec fenêtre nulle est du temps perdu. En pratique les gains apportés par les recherches avec fenêtre nulle sont plus importants que les pertes dues aux coups qui se révèlent être meilleurs que prévu.

Exercice : Ajouter la recherche avec variation principale à l'algorithme Alpha-Bêta.

2.12 L'heuristique du coup nul

L'heuristique du coup nul permet de détecter avec une recherche beaucoup moins coûteuse que la recherche normale les positions qui vont très probablement amener à des coupes bêta. Cette heuristique permet de ne pas développer des arborescences qui ont de grandes chances d'être inutiles.

L'heuristique du coup nul permet de gagner du temps en décidant de ne pas développer des noeuds qui amène à une coupe bêta après une recherche à une profondeur inférieure à la profondeur courante, même après avoir passé son tour.

Un coup nul (null move) consiste à changer le tour de jeu, ce qui est équivalent pour un joueur à passer son tour. Le coup nul est un coup légal au jeu de Go où un joueur peut passer ; c'est même de cette façon que la fin de partie est décidée lorsque les deux joueurs passent consécutivement. Aux Échecs par contre, et dans d'autres jeux, ce n'est pas un coup légal, or il existe des positions pour lesquelles ce serait le meilleur coup. Ce sont les positions de zugzwang : le premier joueur qui joue dans une position de ce type a perdu. Ces positions se retrouvent par exemple fréquemment dans les finales de pions aux Échecs.

L'hypothèse sur laquelle est fondée l'heuristique du coup nul est qu'il y a au moins un coup qui améliore la position (ceci suppose qu'il n'y ait pas de zugzwang), et donc qu'il existe un coup meilleur que de passer. Pour utiliser l'heuristique le joueur passe puis effectue une recherche à une profondeur inférieure à la profondeur courante. Si le résultat de la recherche est supérieur à bêta, alors la position n'est pas étudiée plus profondément, car on suppose qu'il existe un coup meilleur que le coup nul qui amènera aussi à une coupe bêta.

L'heuristique du coup nul est associée à un facteur de réduction R qui permet de régler la profondeur de recherche après le coup nul. Si on est dans un noeud pour lequel on s'apprête à faire une recherche de profondeur P la profondeur de la recherche associée au coup nul sera $P - R$. On choisit en général $R = 2$ ou $R = 3$.

L'heuristique du coup nul peut parfois masquer une arborescence qui, si elle avait été explorée, aurait changé le résultat de l'Alpha-Bêta. C'est par exemple le cas lorsque la recherche à une profondeur inférieure utilisée par l'heuristique ne permet pas de voir une capture qui aurait été vue avec une recherche un peu plus profonde. Contrairement aux coupes de l'Alpha-Bêta qui ne changent pas le résultat du Minimax, les coupes dues au coup nul peuvent changer le résultat de l'Alpha-Bêta.

L'heuristique du coup nul est un compromis entre le temps passé à faire les recherches après le coup nul et le temps gagné par les coupes qui permettent de ne pas faire les recherches à profondeur normale quand la recherche après le coup nul renvoie une valeur supérieure à bêta.

Exercice : Implémenter l'heuristique du coup nul pour le jeu du virus.

En pratique on veut éviter d'utiliser l'heuristique du coup nul quand on est dans une position de zugzwang. Aux Échecs une solution possible est d'éviter de l'utiliser quand :

- le joueur max est en échec,
- le joueur max n'a plus que des pions ou n'a plus que quelques pièces,

– le coup précédent était aussi un coup nul.

Une autre façon de se prémunir contre les zugzwangs est de faire une recherche réduite même quand l'heuristique du coup nul amène à une coupe bêta [39, 69]. En plus de détecter les zugzwangs, faire une recherche normale à profondeur réduite, après que l'heuristique du coup nul ait été vérifiée, peut aussi aider à contrer l'effet d'horizon en détectant des menaces tactiques que la recherche avec coup nul n'avait pas détectées. Toutefois faire cette recherche de vérification en milieu de partie quand il n'y a pas ou peu de zugzwangs paraît trop coûteux. Une solution à ce problème est l'heuristique du coup nul vérifié [86]. Une recherche avec coup nul avec un facteur de réduction $R = 3$ est essayée à chaque noeud. Si cette recherche renvoie une valeur supérieure à bêta on continue la recherche normale à une profondeur de moins. Pour cette recherche normale à profondeur réduite l'heuristique du coup nul simple est utilisée. Si la recherche à profondeur réduite ne renvoie pas une valeur supérieure à bêta c'est que le coup nul est meilleur que tous les autres, on est donc en présence d'un zugzwang. Dans ce cas l'heuristique du coup nul vérifié refait une recherche normale à la profondeur normale pour renvoyer une valeur précise de la position en zugzwang. Aux Échecs, l'heuristique du coup nul vérifié avec $R = 3$ développe moins de noeuds que l'heuristique du coup nul avec $R = 2$ et résout correctement plus de problèmes [86].

Exercice : Implémenter l'heuristique du coup nul vérifié pour le jeu du virus.

2.13 L'approfondissement sélectif

L'approfondissement sélectif permet de ne pas étudier toutes les parties de l'arbre à la même profondeur. Si un coup semble intéressant on continue à chercher à une plus grande profondeur que la profondeur habituelle. Si un coup semble mauvais on arrête de chercher à une profondeur plus petite que la profondeur habituelle.

Par exemple, si Chinook analyse un coup qui perd 3 pions, plutôt que de continuer à analyser la position jusqu'à une profondeur 10 il va réduire son analyse à seulement 5 coups à l'avance en faisant l'hypothèse qu'il y a de bonnes chances que le coup soit très mauvais. Par contre, si le programme joue un coup qui paraît très bon, il augmentera la profondeur de l'analyse de 10 à 12 coups à l'avance.

D'après J. Schaeffer [78], c'est une décision d'investissement : on investit son capital (le temps d'analyse) là où on espère avoir le meilleur bénéfice (on cherche le plus d'information possible).

Un autre mécanisme d'approfondissement sélectif est utilisé dans Deep Blue. Il analyse la structure de l'arborescence pour savoir si un noeud de l'arbre est uniforme ou pas. Ainsi un noeud dans lequel beaucoup de coups sont bons est considéré comme ayant une évaluation sûre. Alors qu'un noeud pour lequel un seul coup parmi de nombreux coups est bon, est considéré comme peu sûr. Deep Blue développe alors plus que les autres la partie de l'arborescence qui ne contient qu'un seul bon coup.

On peut considérer les évaluations utilisées pour activer l'approfondissement sélectif comme des méta-fonctions d'évaluation.

2.14 Corrigés des exercices

2.14.1 Arbre Minimax

Réponse : On voit dans la figure 2.5 que le minimax a effectué 21 évaluations et développé 12 noeuds. La valeur de la racine est 18.

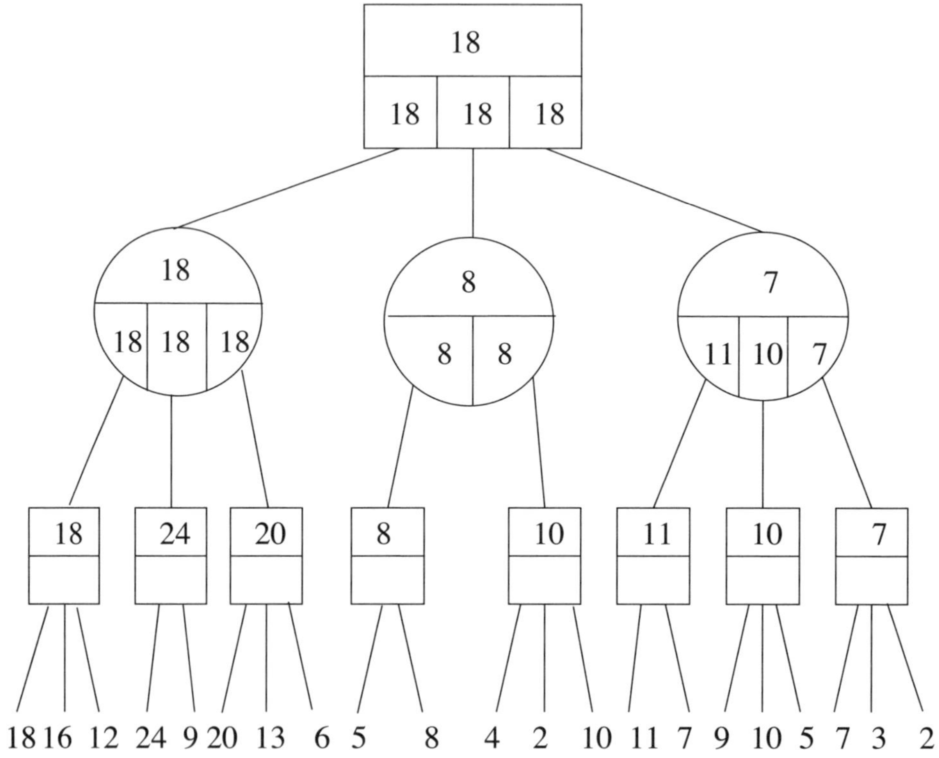

FIGURE 2.5 – L'arbre Minimax développé.

2.14.2 Classe Virus incrémentale

```
class Virus {
 public:
  char damier [Taille] [Taille];
```

```
int nbNoirs, nbBlancs;
int nbModifications;
int pileModifications [20 * Taille * Taille];

Virus () {
  init ();
}

void init () {
  for (int i = 0; i < Taille; i++)
    for (int j = 0; j < Taille; j++)
      damier [i] [j] = '+';
  damier [0] [0] = '@';
  damier [Taille - 1] [Taille - 1] = '@';
  damier [Taille - 1] [0] = 'O';
  damier [0] [Taille - 1] = 'O';
  nbNoirs = 2;
  nbBlancs = 2;
  nbModifications = 0;
}

char adversaire (char couleur) const {
  if (couleur == 'O')
    return '@';
  return 'O';
}

void joue (const Coup & m) {
  damier [m.x] [m.y] = m.couleur;
  pileModifications [nbModifications] = m.x;
  nbModifications++;
  pileModifications [nbModifications] = m.y;
  nbModifications++;
  int nbSwaps = 0;
  if (m.couleur == '@')
    nbNoirs++;
  else
    nbBlancs++;

  char autre = adversaire (m.couleur);
  int debutx = m.x - 1, finx = m.x + 1;
  int debuty = m.y - 1, finy = m.y + 1;
  if (debutx < 0) debutx = 0;
  if (debuty < 0) debuty = 0;
  if (finx > Taille - 1) finx = Taille - 1;
  if (finy > Taille - 1) finy = Taille - 1;
  for (int i = debutx; i <= finx; i++)
```

```
      for (int j = debuty; j <= finy; j++)
        if (damier [i] [j] == autre) {
          damier [i] [j] = m.couleur;
          pileModifications [nbModifications] = i;
          nbModifications++;
          pileModifications [nbModifications] = j;
          nbModifications++;
          nbSwaps++;
          if (m.couleur == '@') {
            nbNoirs++;
            nbBlancs--;
          }
          else {
            nbNoirs--;
            nbBlancs++;
          }
        }
    pileModifications [nbModifications] = nbSwaps;
    nbModifications++;
}

void dejoue (const Coup & m) {
  int x, y, nbSwaps;
  char autre = adversaire (m.couleur);
  nbModifications--;
  nbSwaps = pileModifications [nbModifications];
  for (int i = 0; i < nbSwaps; i++) {
    nbModifications--;
    y = pileModifications [nbModifications];
    nbModifications--;
    x = pileModifications [nbModifications];
    damier [x] [y] = autre;
    if (m.couleur == '@') {
      nbNoirs--;
      nbBlancs++;
    }
    else {
      nbNoirs++;
      nbBlancs--;
    }
  }
  nbModifications--;
  y = pileModifications [nbModifications];
  nbModifications--;
  x = pileModifications [nbModifications];
  damier [x] [y] = '+';
  if (m.couleur == '@')
```

```
      nbNoirs--;
    else
      nbBlancs--;
   }

  int evaluation (char couleur) const {
    if (couleur == '@')
      return nbNoirs - nbBlancs;
    return nbBlancs - nbNoirs;
  }

  int evaluationSiPlusDeCoupsPossibles (char couleur) {
    if (couleur == '@')
      return nbNoirs - (Taille * Taille - nbNoirs);
    else
      return nbBlancs - (Taille * Taille - nbBlancs);
  }

  bool coupLegal (Coup & coup) {
    if (damier [coup.x] [coup.y] != '+')
      return false;
    for (int x = max (coup.x - 1, 0);
         x <= min (coup.x + 1, Taille - 1); x++)
      for (int y = max (coup.y - 1, 0);
           y <= min (coup.y + 1, Taille - 1); y++)
        if (damier [x] [y] == coup.couleur)
          return true;
    return false;
  }

  list <Coup> coupsLegaux (char couleur) {
    list <Coup> liste;
    Coup coup;
    coup.couleur = couleur;
    for (int i = 0; i < Taille; i++)
      for (int j = 0; j < Taille; j++) {
        coup.x = i;
        coup.y = j;
        if (coupLegal (coup))
          liste.push_back (coup);
      }
    return liste;
  }

  friend ostream & operator << (ostream & sortie ,
                                const Virus & v);
};
```

2.14.3 Minimax

```
Virus virus;

char joueurMax = 'O', joueurMin = '@';

int mini (int depth);

int maxi (int depth, Coup & meilleurCoup) {
  if (depth == 0)
    return virus.evaluation (joueurMax);

  list<Coup> listeCoups = virus.coupsLegaux (joueurMax);
  if (listeCoups.empty ())
    return virus.evaluationSiPlusDeCoupsPossibles
                                              (joueurMax);
  int meilleureEvaluation = - Taille * Taille - 1;
  for (list<Coup>::iterator it = listeCoups.begin ();
       it != listeCoups.end (); ++it) {
    virus.joue (*it);
    int eval = mini (depth - 1);
    if (eval > meilleureEvaluation) {
      meilleureEvaluation = eval;
      meilleurCoup = *it;
    }
    virus.dejoue (*it);
  }
  return meilleureEvaluation;
}

int mini (int depth) {
  if (depth == 0)
    return virus.evaluation (joueurMax);

  list<Coup> listeCoups = virus.coupsLegaux (joueurMin);
  if (listeCoups.empty ())
    return virus.evaluationSiPlusDeCoupsPossibles
                                              (joueurMax);
  int meilleureEvaluation = Taille * Taille + 1;
  Coup meilleurCoup;
  for (list<Coup>::iterator it = listeCoups.begin ();
       it != listeCoups.end (); ++it) {
    virus.joue (*it);
    int eval = maxi (depth - 1, meilleurCoup);
    if (eval < meilleureEvaluation) {
      meilleureEvaluation = eval;
    }
```

```
    virus.dejoue (*it);
  }
  return meilleureEvaluation;
}

int main () {
  list<Coup> listeCoups;
  while (true) {
    cout << virus;
    listeCoups = virus.coupsLegaux ('@');
    if (listeCoups.empty ())
      break;
    cout << "Donnez␣votre␣coup␣:␣";
    Coup coup;
    coup.couleur = '@';
    do {
      cin >> coup.x >> coup.y;
    } while (!virus.coupLegal (coup));
    virus.joue (coup);
    cout << virus;
    listeCoups = virus.coupsLegaux ('O');
    if (listeCoups.empty ())
      break;
    int eval = maxi (5, coup);
    cout << "eval␣=␣" << eval << endl;
    cout << "Je␣joue␣en␣" << coup.x << "␣" <<
      coup.y << endl;
    virus.joue (coup);
  }
  return 0;
}
```

2.14.4 Negamax

Attention : Il faut modifier l'appel à la fonction d'évaluation pour qu'il renvoie l'inverse de la valeur habituelle lorsque c'est au joueur Min de jouer. Au niveau 0 on appelle donc l'évaluation pour le joueur dont c'est le tour. Lors de l'appel récursif on change le signe du résultat de l'appel récursif et on prend toujours le coup qui a l'évaluation maximale.

```
int negamax (int depth, char joueur, Coup & meilleurCoup) {
  if (depth == 0)
    return virus.evaluation (joueur);

  list<Coup> listeCoups = virus.coupsLegaux (joueur);
  if (listeCoups.empty ())
    return virus.evaluationSiPlusDeCoupsPossibles (joueur);
```

```
  int meilleureEvaluation = - Taille * Taille - 1;
  char autre = virus.adversaire (joueur);
  Coup coup;
  for (list<Coup>::iterator it = listeCoups.begin ();
       it != listeCoups.end (); ++it) {
    virus.joue (*it);
    int eval = -negamax (depth - 1, autre, coup);
    if (eval > meilleureEvaluation) {
      meilleureEvaluation = eval;
      meilleurCoup = *it;
    }
    virus.dejoue (*it);
  }
  return meilleureEvaluation;
}
```

2.14.5 Coupe bêta

La figure 2.6 donne un exemple de coupe bêta.

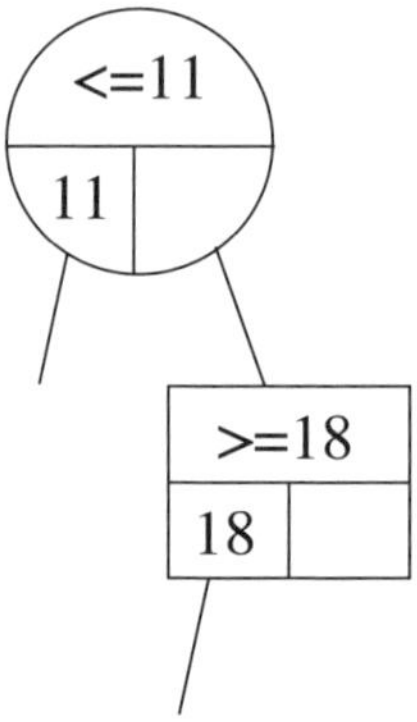

FIGURE 2.6 – Une coupe bêta.

2.14.6 Développement de l'arbre avec l'Alpha-Bêta

Réponse : La figure 2.7 donne l'arbre développé par l'Alpha-Bêta. Il comporte 18 noeuds au lieu de 39 pour le Minimax. La valeur trouvée et le meilleur coup sont les mêmes que pour le Minimax.

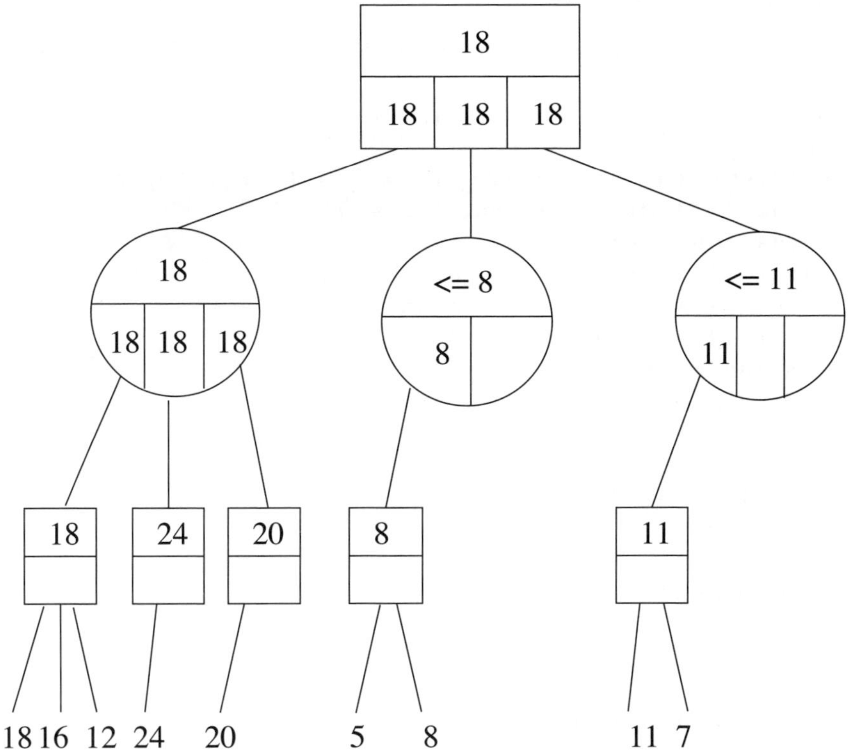

FIGURE 2.7 – L'arbre développé avec l'Alpha-Bêta.

2.14.7 Alpha-Bêta

```
Virus virus;

int alphabeta (int depth, int alpha, int beta, char joueur,
               Coup & meilleurCoup) {
  if (depth == 0)
    return virus.evaluation (joueur);

  list<Coup> listeCoups = virus.coupsLegaux (joueur);
  if (listeCoups.empty ())
    return virus.evaluationSiPlusDeCoupsPossibles (joueur);

  char autre = virus.adversaire (joueur);
  Coup coup;
  for (list<Coup>::iterator it = listeCoups.begin ();
       it != listeCoups.end (); ++it) {
    virus.joue (*it);
    int eval = -alphabeta (depth - 1, -beta, -alpha, autre,
                           coup);
    if (eval > alpha) {
      alpha = eval;
      meilleurCoup = *it;
    }
    virus.dejoue (*it);
    if (alpha >= beta)
      return beta;
  }
  return alpha;
}

int main () {
  list<Coup> listeCoups;
  while (true) {
    cout << virus;
    listeCoups = virus.coupsLegaux ('@');
    if (listeCoups.empty ())
      break;
    cout << "Donnez␣votre␣coup␣:␣";
    Coup coup;
    coup.couleur = '@';
    do {
      cin >> coup.x >> coup.y;
    } while (!virus.coupLegal (coup));
    virus.joue (coup);
    cout << virus;
    listeCoups = virus.coupsLegaux ('O');
```

```
    if (listeCoups.empty ())
      break;
    int eval = alphabeta (7, -Taille * Taille,
                          Taille * Taille, 'O', coup);
    cout << "eval = " << eval << endl;
    cout << "Je joue en " << coup.x << " " <<
      coup.y << endl;
    virus.joue (coup);
  }
  return 0;
}
```

2.14.8 Variation principale

La variation principale de l'arbre de la figure 2.5 est de toujours choisir le coup le plus à gauche.

```
int alphabeta (int depth, int alpha, int beta,
               char joueur, list<Coup> & vp) {
  if (depth == 0)
    return virus.evaluation (joueur);

  list<Coup> listeCoups = virus.coupsLegaux (joueur);
  if (listeCoups.empty ())
    return virus.evaluationSiPlusDeCoupsPossibles (joueur);

  char autre = virus.adversaire (joueur);
  for (list<Coup>::iterator it = listeCoups.begin ();
       it != listeCoups.end (); ++it) {
    virus.joue (*it);
    list<Coup> vptemp;
    int eval = -alphabeta (depth - 1, -beta, -alpha, autre,
                           vptemp);
    if (eval > alpha) {
      alpha = eval;
      vp = vptemp;
      vp.push_front (*it);
    }
    virus.dejoue (*it);
    if (alpha >= beta)
      return beta;
  }
  return alpha;
}
```

2.14.9 Quiescence

Pour ajouter la recherche de quiescence au jeu du virus, il faut tout d'abord modifier la classe Virus de façon à ce qu'elle puisse sélectionner les coups de quiescence. On ajoute donc dans la classe Virus une fonction qui teste le nombre de cases modifiées par un coup et une fonction qui renvoie la liste des coups qui modifient plus de cinq cases :

```
int nbCasesModifiees (Coup & m) {
  int nb = 1;
  char autre = adversaire (m.couleur);
  int debutx = m.x - 1, finx = m.x + 1;
  int debuty = m.y - 1, finy = m.y + 1;
  if (debutx < 0) debutx = 0;
  if (debuty < 0) debuty = 0;
  if (finx > Taille - 1) finx = Taille - 1;
  if (finy > Taille - 1) finy = Taille - 1;
  for (int i = debutx; i <= finx; i++)
    for (int j = debuty; j <= finy; j++)
      if (damier [i] [j] == autre)
        nb++;
  return nb;
}

list <Coup> coupsQuiescence (char couleur) {
  list <Coup> liste , l = coupsLegaux (couleur);
  for (list <Coup>::iterator it = l.begin ();
       it != l.end (); ++it)
    if (nbCasesModifiees (*it) > 4)
      liste.push_back (*it);
  return liste;
}
```

Une fois ces fonctions ajoutées, on écrit une fonction qui fait une recherche Alpha-Bêta uniquement pour les coups de quiescence et on modifie l'Alpha-Bêta pour qu'il appelle la fonction de quiescence à la place de l'évaluation statique :

```
int quiescence (int alpha, int beta, char joueur) {
  list <Coup> coups = virus.coupsQuiescence (joueur);

  if (coups.empty ())
    return virus.evaluation (joueur);

  char autre = virus.adversaire (joueur);
  for (list <Coup>::iterator it = coups.begin();
       it != coups.end(); ++it) {
    virus.joue (*it);
    int eval = -quiescence (-beta, -alpha, autre);
    virus.dejoue (*it);
```

```
    if (eval > alpha)
      alpha = eval;
    if (alpha >= beta)
      return beta;
  }
  return alpha;
}

int alphabeta (int depth, int alpha, int beta, char joueur,
               list<Coup> & vp) {
  if (depth == 0)
    return quiescence (alpha, beta, joueur);

  list<Coup> listeCoups = virus.coupsLegaux (joueur);
  if (listeCoups.empty ())
    return virus.evaluationSiPlusDeCoupsPossibles (joueur);

  char autre = virus.adversaire (joueur);
  for (list<Coup>::iterator it = listeCoups.begin ();
       it != listeCoups.end (); ++it) {
    virus.joue (*it);
    list<Coup> vptemp;
    int eval = -alphabeta (depth - 1, -beta, -alpha, autre,
                           vptemp);
    if (eval > alpha) {
      alpha = eval;
      vp = vptemp;
      vp.push_front (*it);
    }
    virus.dejoue (*it);
    if (alpha >= beta)
      return beta;
  }
  return alpha;
}
```

2.14.10 Approfondissement itératif

On déclare une variable globale qui donne le temps maximum au bout duquel on renvoie une réponse. Dès que l'Alpha-Bêta dépasse ce temps il est stoppé et on renvoie la variation principale de l'itération précédente :

```
Virus virus;

clock_t maxClock = 2 * CLOCKS_PER_SEC; // 2 secondes
clock_t clockStart;
```

```
const int ProfondeurMax = 64;

int quiescence (int alpha, int beta, char joueur) {
  if (clock () - clockStart > maxClock)
    return 0;

  list<Coup> coups = virus.coupsQuiescence (joueur);

  if (coups.empty ())
    return virus.evaluation (joueur);

  char autre = virus.adversaire (joueur);
  for (list<Coup>::iterator it = coups.begin();
       it != coups.end(); ++it) {
    virus.joue (*it);
    int eval = -quiescence (-beta, -alpha, autre);
    virus.dejoue (*it);
    if (eval > alpha)
      alpha = eval;
    if (alpha >= beta)
      return beta;
  }
  return alpha;
}

int alphabeta (int depth, int alpha, int beta, char joueur,
               list<Coup> & vp) {
  if (clock () - clockStart > maxClock)
    return 0;

  if (depth == 0)
    return quiescence (alpha, beta, joueur);

  list<Coup> listeCoups = virus.coupsLegaux (joueur);
  if (listeCoups.empty ())
    return virus.evaluationSiPlusDeCoupsPossibles (joueur);

  char autre = virus.adversaire (joueur);
  for (list<Coup>::iterator it = listeCoups.begin ();
       it != listeCoups.end (); ++it) {
    virus.joue (*it);
    list<Coup> vptemp;
    int eval = -alphabeta (depth - 1, -beta, -alpha, autre,
                           vptemp);
    if (eval > alpha) {
      alpha = eval;
      vp = vptemp;
```

```
      vp.push_front (*it);
    }
    virus.dejoue (*it);
    if (alpha >= beta)
      return beta;
  }
  return alpha;
}

int approfondissementIteratif (list<Coup> & vp) {
  int eval = virus.evaluation ('O');
  list<Coup> vpTemp;
  clockStart = clock ();
  for (int d = 1;
       (clock () - clockStart < maxClock) &&
       (d < ProfondeurMax);
       d++) {
    int evalTemp = alphabeta (d, -Taille * Taille, Taille *
                               Taille, 'O', vpTemp);
    if (clock () - clockStart < maxClock) {
      eval = evalTemp;
      vp = vpTemp;
    }
  }
  return eval;
}

int main () {
  list<Coup> listeCoups;
  while (true) {
    cout << virus;
    listeCoups = virus.coupsLegaux ('@');
    if (listeCoups.empty ())
      break;
    cout << "Donnez votre coup : ";
    Coup coup;
    coup.couleur = '@';
    do {
      cin >> coup.x >> coup.y;
    } while (!virus.coupLegal (coup));
    virus.joue (coup);
    cout << virus;
    listeCoups = virus.coupsLegaux ('O');
    if (listeCoups.empty ())
      break;
    list<Coup> vp;
    int eval = approfondissementIteratif (vp);
```

```
    coup = *vp.begin ();
    cout << "eval␣=␣" << eval << endl;
    cout << "Variation␣:␣";
    for (list<Coup>::iterator it = vp.begin ();
          it != vp.end (); ++it)
      cout << *it << "␣";
    cout << endl;
    cout << "Je␣joue␣en␣" << coup.x << "␣" <<
      coup.y << endl;
    virus.joue (coup);
  }
  return 0;
}
```

2.14.11 Coups qui tuent

```
Coup coupQuiTue [ProfondeurMax] [2];

void miseAJourCoupQuiTue (int d, Coup & coup) {
  if (coupQuiTue [d] [0] != coup) {
    coupQuiTue [d] [1] = coupQuiTue [d] [0];
    coupQuiTue [d] [0] = coup;
  }
}

int alphabeta (int depth, int alpha, int beta, char joueur,
               list<Coup> & vp);

void joueAlphaBeta (Coup & coup, int depth, int & alpha,
                    int & beta, char joueur,
                    list<Coup> &vp) {
  char autre = virus.adversaire (joueur);
  virus.joue (coup);
  list<Coup> vptemp;
  int eval = -alphabeta (depth - 1, -beta, -alpha, autre,
                         vptemp);
  if (eval > alpha) {
    alpha = eval;
    vp = vptemp;
    vp.push_front (coup);
  }
  virus.dejoue (coup);
  if (alpha >= beta)
    miseAJourCoupQuiTue (depth, coup);
}
```

```
int alphabeta (int depth, int alpha, int beta, char joueur,
               list<Coup> & vp) {
  if (clock () - clockStart > maxClock)
    return 0;

  if (depth == 0)
    return quiescence (alpha, beta, joueur);

  list<Coup> listeCoups = virus.coupsLegaux (joueur);
  if (listeCoups.empty ())
    return virus.evaluationSiPlusDeCoupsPossibles (joueur);

  /* Heuristique des coups qui tuent */
  Coup killer = coupQuiTue [depth] [0];
  Coup secondKiller = coupQuiTue [depth] [1];
  if (killer.couleur == joueur)
    if (virus.coupLegal (killer))
      joueAlphaBeta (killer, depth, alpha, beta, joueur,
                     vp);
  if (alpha < beta)
    if (secondKiller.couleur == joueur)
      if (virus.coupLegal (secondKiller))
        joueAlphaBeta (secondKiller, depth, alpha, beta,
                       joueur, vp);
  /* Fin de l'heuristique des coups qui tuent */

  for (list<Coup>::iterator it = listeCoups.begin ();
       (it != listeCoups.end ()) && (alpha < beta); ++it)
    if ((*it != killer) && (*it != secondKiller))
      joueAlphaBeta (*it, depth, alpha, beta, joueur, vp);

  return alpha;
}
```

2.14.12 Heuristique de l'historique

Au jeu du virus on fait correspondre à un coup l'indice de son intersection si c'est un coup noir, et le nombre de cases du damier plus l'indice de son intersection si c'est un coup blanc. Les indices des intersections commencent à 0 pour l'intersection la plus en haut à gauche puis s'incrémentent en avançant vers la droite et en descendant d'une ligne au bout de chaque ligne de cases.

Dans le code ci-dessous `MaxNombre` code le nombre d'indices possibles et la fonction `nombre ()` donne l'indice du coup.

```
const int MaxNombre = 2 * Taille * Taille;
```

```
unsigned long long scoreHistorique [MaxNombre];

void initHistorique () {
  for (int j = 0; j < MaxNombre; j++)
    scoreHistorique [j] = 0;
}

class Coup {
 public:
  char couleur;
  int x, y;

  bool operator != (const Coup & c) {
    if ((couleur != c.couleur) ||
        (x != c.x) ||
        (y != c.y))
      return true;
    return false;
  }

  bool operator < (Coup c) {
    return scoreHistorique [nombre ()] >
           scoreHistorique [c.nombre ()];
  }

  int nombre () {
    if (couleur == '@')
      return x + y * Taille;
    return Taille * Taille + x + y * Taille;
  }

  friend ostream & operator << (ostream & sortie,
                                const Coup & c);
};

ostream & operator << (ostream & sortie,
                       const Coup & c) {
  sortie << "(" << c.couleur << "," << c.x << "," <<
        c.y << ")";
  return sortie;
}

int alphabeta (int depth, int alpha, int beta, char joueur,
               list<Coup> & vp) {
  if (clock () - clockStart > maxClock)
    return 0;
```

```
  if (depth == 0)
    return quiescence (alpha, beta, joueur);

  list<Coup> listeCoups = virus.coupsLegaux (joueur);
  if (listeCoups.empty ())
    return virus.evaluationSiPlusDeCoupsPossibles (joueur);

  listeCoups.sort ();

  char autre = virus.adversaire (joueur);
  for (list<Coup>::iterator it = listeCoups.begin ();
       it != listeCoups.end (); ++it) {
    virus.joue (*it);
    list<Coup> vptemp;
    int eval = -alphabeta (depth - 1, -beta, -alpha, autre,
                           vptemp);
    if (eval > alpha) {
      alpha = eval;
      vp = vptemp;
      vp.push_front (*it);
    }
    virus.dejoue (*it);
    if (alpha >= beta) {
      scoreHistorique [it->nombre ()] += 4 << (depth * 2);
      return beta;
    }
  }
  return alpha;
}

int approfondissementIteratif (list<Coup> & vp) {
  int eval = virus.evaluation ('O');
  list<Coup> vpTemp;
  clockStart = clock ();
  initHistorique ();
  for (int d = 1;
       (clock () - clockStart < maxClock) &&
       (d < ProfondeurMax);
       d++) {
    int evalTemp = alphabeta (d, -Taille * Taille *
                              Taille, 'O', vpTemp);
    if (clock () - clockStart < maxClock) {
      eval = evalTemp;
      vp = vpTemp;
    }
  }
  return eval;
```

```
}
```

2.14.13 Recherche aspirante

```
int rechercheAspirante (list<Coup> & vp) {
  int eval = virus.evaluation ('O');
  list<Coup> vpTemp;
  clockStart = clock ();
  initHistorique ();
  int alpha = -Taille * Taille, beta = Taille * Taille;
  for (int d = 1;
       (clock () - clockStart < maxClock) &&
       (d < ProfondeurMax);
       d++) {
    int evalTemp = alphabeta (d, alpha, beta, 'O', vpTemp);
    if (evalTemp <= alpha)
      evalTemp = alphabeta (d, -Taille * Taille, alpha,
                            'O', vpTemp);
    else if (evalTemp >= beta)
      evalTemp = alphabeta (d, beta, Taille * Taille,
                            'O', vpTemp);
    if (clock () - clockStart < maxClock) {
      eval = evalTemp;
      alpha = eval - 2;
      beta = eval + 2;
      vp = vpTemp;
    }
  }
  return eval;
}
```

2.14.14 Recherche avec variation principale

```
int alphabeta (int depth, int alpha, int beta, char joueur,
               list<Coup> & vp) {
  if (clock () - clockStart > maxClock)
    return 0;

  if (depth == 0)
    return quiescence (alpha, beta, joueur);

  list<Coup> listeCoups = virus.coupsLegaux (joueur);
  if (listeCoups.empty ())
    return virus.evaluationSiPlusDeCoupsPossibles (joueur);
```

```
  listeCoups.sort ();

  char autre = virus.adversaire (joueur);
  bool VariationPrincipaleTrouvee = false;
  for (list<Coup>::iterator it = listeCoups.begin ();
       it != listeCoups.end (); ++it) {
    virus.joue (*it);
    list<Coup> vptemp;
    int eval;
    if (VariationPrincipaleTrouvee) {
      eval = -alphabeta (depth - 1, -alpha - 1, -alpha,
                         autre, vptemp);
      if (eval > alpha)
        eval = -alphabeta (depth - 1, -beta, -alpha,
                           autre, vptemp);
    }
    else
     eval = -alphabeta (depth - 1, -beta, -alpha, autre,
                        vptemp);
    if (eval > alpha) {
      alpha = eval;
      VariationPrincipaleTrouvee = true;
      vp = vptemp;
      vp.push_front (*it);
    }
    virus.dejoue (*it);
    if (alpha >= beta) {
      scoreHistorique [it->nombre ()] += 4 << (depth * 2);
      return beta;
    }
  }
  return alpha;
}
```

2.14.15 Heuristique du coup nul

```
int alphabeta (int depth, int alpha, int beta, char joueur,
               list<Coup> & vp) {
  if (clock () - clockStart > maxClock)
    return 0;

  if (depth == 0)
    return quiescence (alpha, beta, joueur);

  char autre = virus.adversaire (joueur);
  /* Coupes selectives avec coup nul */
  int R = 2;
```

```
  if (depth > R + 1) {
    list<Coup> vptemp;
    int eval = -alphabeta (depth - 1 - R, -beta, -beta + 1,
                           autre, vptemp);
    if (eval >= beta)
      return beta;
  }
  /* fin des coupes selectives avec coup nul */

  list<Coup> listeCoups = virus.coupsLegaux (joueur);
  if (listeCoups.empty ())
    return virus.evaluationSiPlusDeCoupsPossibles (joueur);

  listeCoups.sort ();

  for (list<Coup>::iterator it = listeCoups.begin ();
       it != listeCoups.end (); ++it) {
    virus.joue (*it);
    list<Coup> vptemp;
    int eval = -alphabeta (depth - 1, -beta, -alpha, autre,
                           vptemp);
    if (eval > alpha) {
      alpha = eval;
      vp = vptemp;
      vp.push_front (*it);
    }
    virus.dejoue (*it);
    if (alpha >= beta) {
      scoreHistorique [it->nombre ()] += 4 << (depth * 2);
      return beta;
    }
  }
  return alpha;
}
```

2.14.16 Heuristique du coup nul vérifié

```
int alphabeta (int depth, int alpha, int beta, char joueur,
               list<Coup> & vp, bool verify) {
  if (clock () - clockStart > maxClock)
    return 0;

  if (depth == 0)
    return quiescence (alpha, beta, joueur);

  char autre = virus.adversaire (joueur);
  int R = 3;
```

```
bool failHigh = false;
if (depth > R + 1) {
  list<Coup> vptemp;
  int eval = -alphabeta (depth - 1 - R, -beta, -beta + 1,
                         autre, vptemp, verify);
  if (eval >= beta)
    if (verify) {
      depth--;
      verify = false;
      failHigh = true;
    }
    else
      return beta;
}

list<Coup> listeCoups = virus.coupsLegaux (joueur);
if (listeCoups.empty ())
  return virus.evaluationSiPlusDeCoupsPossibles (joueur);

listeCoups.sort ();

research :

for (list<Coup>::iterator it = listeCoups.begin ();
     it != listeCoups.end (); ++it) {
  virus.joue (*it);
  list<Coup> vptemp;
  int eval = -alphabeta (depth - 1, -beta, -alpha, autre,
                         vptemp, verify);
  if (eval > alpha) {
    alpha = eval;
    vp = vptemp;
    vp.push_front (*it);
  }
  virus.dejoue (*it);
  if (alpha >= beta) {
    scoreHistorique [it->nombre ()] += 4 << (depth * 2);
    return beta;
  }
}

if (failHigh && alpha < beta) {
  depth++;
  failHigh = false;
  verify = true;
  goto research;
}
```

```
  return alpha;
}

int approfondissementIteratif (list<Coup> & vp) {
  int eval = virus.evaluation ('O');
  list<Coup> vpTemp;
  clockStart = clock ();
  initHistorique ();
  for (int d = 1;
       (clock () - clockStart < maxClock) &&
       (d < ProfondeurMax);
       d++) {
    int evalTemp = alphabeta (d, -Taille * Taille, Taille *
                                Taille, 'O', vpTemp, true);
    if (clock () - clockStart < maxClock) {
      eval = evalTemp;
      vp = vpTemp;
    }
  }
  return eval;
}
```

Chapitre 3

Tables de Transposition

"Même si l'adversaire joue le coup analysé précédemment, recommencez l'analyse en voyant la nouvelle position."

Benjamin Blumenfeld.

3.1 Introduction

Pour ne pas réexplorer un sous arbre qu'on a déjà exploré à partir d'une position déjà rencontrée on peut stocker dans une table de hachage les positions déjà rencontrées et évaluées au cours du parcours de l'arbre. Avant d'explorer une position, on commence par regarder si elle n'a pas déjà été évaluée et stockée dans la table de hachage, ce qui permet dans le meilleur des cas d'éviter de refaire une deuxième fois la recherche sur cette position. Dans les autres cas cela permet tout de même de réutiliser les informations stockées pour accélérer la nouvelle recherche.

Une table de transposition est une table de hachage dont chaque entrée contient des informations sur la recherche effectuée à partir d'une position.

Les tables de transposition sont utiles aussi bien pour les problèmes à un joueur en combinaison avec A* (voir chapitres 8 et 9) par exemple que pour les jeux à deux joueurs en combinaison avec l'Alpha-Bêta.

On a vu que l'utilité de l'approfondissement itératif de la recherche avec l'algorithme Alpha-Bêta est de mémoriser pour chaque position le meilleur coup de l'itération précédente pour pouvoir ensuite l'essayer en premier dans les positions de l'itération courante. Il arrive souvent que le meilleur coup de la recherche à la profondeur précédente soit aussi un bon coup de la recherche à la profondeur courante. Or le nombre de coupes de l'Alpha-Bêta est plus grand quand on cherche les meilleurs coups en premier. Les tables de transposition associées à l'approfondissement itératif permettent de se souvenir, pour chaque position cherchée, du meilleur coup trouvé par la recherche précédente sur cette position. En utilisant les tables de transposition on peut alors essayer en priorité le meilleur coup trouvé lors de l'itération précédente ce qui permet d'augmenter le nombre de coupes Alpha-Bêta.

3.2 Hachage d'une position

On veut stocker, au cours d'une recherche arborescente, toutes les positions rencontrées afin de ne pas refaire plusieurs fois les mêmes calculs. On se heurte à un problème de mémoire, la place nécessaire pour stocker toutes ces positions est généralement trop grande pour la mémoire disponible. De plus, on veut pouvoir vérifier très rapidement si une position a déjà été rencontrée. On doit donc associer une position à un nombre qui sera stocké dans une table de hachage.

La méthode la plus courante pour hacher une position est le hachage de Zobrist [94]. On associe un nombre aléatoire, fixé une fois pour toutes, à chaque valeur possible de chaque emplacement possible du damier. On peut aussi utiliser un nombre aléatoire pour coder la couleur du joueur qui a la main ainsi que d'autres propriétés de la position particulières au jeu. On code la position physique mais aussi certaines propriétés dûes à l'historique de la position (par exemple les droits de roque aux Échecs). La valeur de hachage d'une position est le XOR de tous les nombres aléatoires associés à la position.

L'indice auquel seront stockées les informations liées à une position est la valeur de hachage tronquée aux n derniers bits pour une table de transposition de taille 2^n.

Au Tic-Tac-Toe on a deux nombres aléatoires par case : un pour coder le cas où la case est blanche, un autre pour coder le cas où elle est noire. On ne fait pas d'opérations pour les cases vides. On utilise donc 9+9 = 18 nombres aléatoires. Le hachage d'une position de Tic-Tac-Toe est égal au XOR de tous les nombres aléatoires correspondant à chaque case.

Exercice : Représenter un damier de Tic-Tac-Toe, écrire une fonction d'initialisation des nombres aléatoires ainsi qu'une fonction qui calcule la valeur de hachage d'une position.

Exercice : Combien de nombres aléatoires utilise-t-on aux Échecs et à quoi correspondent ils ? Qu'en est il pour le jeu du virus ?

Une position est représentée par le XOR des nombres aléatoires qui correspondent aux propriétés de la position et à la valeur de chaque emplacement. Chaque nombre aléatoire peut être codé sur 32 ou 64 bits selon la probabilité de collision et d'erreur que l'on accepte (voir la section suivante sur la probabilité d'erreur).

Question : Pourquoi utilise-t-on le XOR pour calculer la valeur de hachage ?

Réponse : Utiliser le XOR pour coder une position a plusieurs avantages :

- Le XOR est une opération très rapide sur les bits.
- Pour ôter un élément de la position et défaire un XOR, il suffit de refaire le XOR avec la même valeur. En effet (a XOR b) XOR b = a.
- Le XOR de valeurs aléatoires bien réparties donne une valeur aléatoire bien répartie. Ce qui est important pour diminuer la probabilité d'erreur et de collision.
- La valeur de hachage d'une position peut être calculée incrémentalement. Pour cela il suffit de faire des XOR entre la valeur de hachage de la position précédente et les nombres aléatoires correspondant aux éléments enlevés et ajoutés à la position.

Exercice : Écrire une fonction qui joue un coup au Tic-Tac-Toe et une fonction qui déjoue un coup, en mettant à jour incrémentalement la valeur de hachage.

3.3 Probabilité d'erreur

"L'ordinateur vous permet de faire plus d'erreurs plus vite que n'importe quelle autre invention de l'histoire de l'humanité, à l'exception possible des armes à feu et de la tequila."

Mitch Ratcliffe.

Il y a deux types d'erreurs :

- Une erreur de type 1 intervient quand deux positions différentes ont des valeurs de hachage égales. Un moyen de détecter ces erreurs est de tester si le meilleur coup mémorisé dans cette position est légal. La probabilité d'une erreur de type 1 est diminuée quand on augmente le nombre de bits dans la valeur de hachage.
- Une erreur de type 2 intervient lorsque deux positions différentes ont le même indice dans la table de transposition mais pas la même valeur de hachage. Cette erreur est définie comme une collision [50]. Lorsqu'on a une collision, on doit choisir entre les deux positions celle qui doit être gardée dans la table de transposition. La probabilité d'avoir une collision est diminuée quand on augmente la taille de la table de transposition.

Exercice : Soit N le nombre de valeurs possibles et M le nombre de positions différentes qui vont être stockées dans la table de transposition. Donner une approximation de la probabilité P que les M positions aient des valeurs de hachage différentes si M est petit par rapport à N. Quelle est la probabilité d'avoir au moins une erreur de type 1 quand on utilise 10 millions de fois la table de transposition avec des valeurs de hachage sur 32 bits ? Même question avec des valeurs de hachage sur 64 bits ?

3.4 Stratégies de remplacement

Il existe différentes stratégies de gestion de la table de transposition. Le problème de la stratégie à employer se pose quand on a une collision dans la table. Une possibilité est de mémoriser dans une entrée de la table toutes les positions rencontrées. On se place plutôt dans le cas où l'on décide de ne garder qu'une seule position par entrée de la table. On doit alors décider si on remplace l'ancienne entrée par la nouvelle ou si on garde l'ancienne entrée.

Question : Quelles stratégies de remplacement peut-on envisager ?

Réponse :

Les stratégies usuelles de remplacement sont :

- L'ancienneté : garder la position la plus ancienne.
- La nouveauté : garder la position la plus récente.
- La profondeur : garder la position dont le sous-arbre qui a permis d'établir la valeur est le plus profond.
- La taille : garder la position dont le sous-arbre est le plus gros.

L'expérimentation de ces différentes stratégies [13] montre que la stratégie de remplacement la plus performante est la taille, suivie par la profondeur, puis la nouveauté et enfin l'ancienneté. Les différences entre les stratégies s'amenuisent avec la taille de la table de transposition. Une autre optimisation efficace est d'utiliser deux tables de transposition : la première contient la position choisie par la stratégie, alors que la deuxième reçoit l'autre position. On peut avoir deux stratégies différentes pour les deux tables de transposition ou la même stratégie.

3.5 Entrées de la table de transposition

En général on utilise la valeur de hachage pour calculer l'indice dans la table de transposition en tronquant la valeur de hachage aux n bits de poids faible. On obtient alors un indice dans une table de transposition de taille 2^n.

Pour chaque entrée de la table de transposition on a une structure qui contient des informations sur la position correspondante déjà explorée.

Question : Dans le cadre de l'Alpha-Bêta, quelles informations est-il utile de stocker dans une entrée de la table de transposition ?

Réponse : Les informations suivantes sont généralement stockées dans une entrée de la table de transposition :

- La clé : elle contient les bits tronqués de la valeur de hachage. Elle est utilisée pour

différencier les positions qui ont le même indice dans la table de transposition mais des valeurs de hachage différentes.
- Le meilleur coup trouvé dans cette position : c'est soit le coup qui a obtenu le meilleur score, soit le coup qui a permis une coupe Alpha-Bêta. On l'essaiera en premier la prochaine fois qu'on rencontrera la position.
- Le score : la valeur retournée par l'Alpha-Bêta dans cette position.
- Le drapeau : il indique si le score est le score exact, si c'est une borne maximale ou une borne minimale.
- La profondeur : elle indique la profondeur du sous arbre exploré pour évaluer la position.

Exercice : Définir une classe GenericTranspo qui représente les entrées de la table de transposition. Écrire ensuite un classe Table générique qui prend comme paramètres template les classes Move, Board et Transpo. Écrire les méthodes de cette classe pour détecter les transpositions et pour ajouter une entrée dans la table en utilisant la stratégie de la profondeur.

3.6 Utilisation de la table de transposition

Lorsqu'on utilise l'approfondissement itératif les tables de transposition réduisent beaucoup l'effort de recherche. On a vu qu'on pouvait selon les cas couper directement la recherche à l'aide des résultats stockés dans une entrée, ou de façon plus courante diriger la recherche à l'aide des informations stockées.

Question : Lorsqu'on atteint dans une recherche une position qui a une entrée dans la table de transposition, comment utilise-t-on les informations stockées dans cette entrée pour optimiser la recherche ?

Réponse :

Il y a trois possibilités :

- La profondeur qui reste a explorer est inférieure ou égale à la profondeur mémorisée dans la table, et le score mémorisé est un score exact. La position ne doit alors pas être explorée plus avant, la valeur retournée est le score contenu dans l'entrée de la table de transposition.
- La profondeur qui reste à explorer est inférieure ou égale à la profondeur mémorisée dans la table, et la valeur mémorisée n'est pas la valeur exacte. Le score est utilisé pour ajuster la valeur de alpha (si le drapeau indique une borne minimale), ou pour ajuster la valeur de bêta (si le drapeau indique une borne maximale). Si après cet ajustement alpha est supérieur à bêta on a une coupe. Sinon on effectue la recherche et le meilleur coup stocké dans l'entrée de la table est utilisé comme premier coup à essayer puisqu'il a déjà été évalué comme le meilleur dans cette position.
- La profondeur qui reste à explorer est plus grande que la profondeur mémorisée. On n'utilise alors que le meilleur coup stocké pour l'essayer en premier. Il y a de

bonnes chances qu'il soit le meilleur dans la recherche en cours puisqu'il a déjà été le meilleur dans une recherche précédente moins profonde.

Exercice : Adapter l'algorithme Alpha-Bêta appliqué au jeu du virus à l'aide des classes GenericTranspo et Table pour qu'il utilise une table de transposition.

3.7 Coupes de transposition améliorées

Les coupes de transposition améliorées consistent à tester pour chaque fils de la position courante s'il est présent dans la table de transposition et si ses valeurs stockées permettent de faire une coupe. Pour cela on va jouer chaque coup possible, voir si la position résultante est contenue dans la table de transposition et, si c'est le cas, regarder les informations stockées pour savoir si elles permettent de faire une coupe. Les coupes de transposition améliorées permettent de maximiser l'utilisation de l'information contenue dans les tables de transposition.

Cette optimisation a été utilisée dans Chinook [78] le meilleur programme de Checkers (Dames anglaises). Les arbres de recherche de Chinook ont 22% de noeuds en moins pour des recherches de profondeur 17 lorsqu'il utilise les coupes de transposition améliorées [79]. Toutefois, si on essaie les coupes améliorées à tous les niveaux de l'arbre, la réduction du nombre de noeuds est contrebalancée par le temps additionnel passé dans chaque noeud à tester les coupes possibles. Les coupes améliorées ne sont donc pas testées dans les deux dernières profondeurs de l'arbre, ce qui permet de réduire le temps d'exécution tout en gardant les coupes les plus importantes.

Exercice : Intégrer les coupes de transposition améliorées dans l'Alpha-Bêta avec tables de transpositions.

3.8 La recherche avec partition

L'idée de la recherche avec partition [37] est de mémoriser un groupe de positions qui ont des caractéristiques communes plutôt qu'une position à la fois. Si par exemple, on veut colorier une carte avec trois couleurs et qu'une impossibilité impliquant 5 pays est détectée, on peut se souvenir de la configuration des 5 pays qui donne toujours une impossibilité. On peut alors déclarer impossible toutes les cartes qui contienne cette configuration et arrêter la recherche dès que la configuration est reconnue.

Au Bridge on stocke dans une partition les relations d'ordre entre les cartes plutôt que les cartes elles mêmes. Ainsi une entrée de la table représente de nombreuses positions pour lesquelles le résultat de la recherche est le même. La résolution de donnes ouvertes au Bridge va de 10 à 100 fois plus vite lorsqu'on utilise les partitions.

Cette technique est liée à l'apprentissage par généralisation [67, 63, 31] qui sélectionne un sous ensemble des éléments d'une position qui représente l'explication d'un succès ou d'un échec (l'ensemble des faits desquels on a pu déduire le succès ou l'échec). L'apprentissage par généralisation consiste alors à généraliser cet ensemble de faits (principalement en remplaçant les variables instanciées par les variables originales [16]), puis à le transformer en une règle que l'on peut vérifier efficacement (en réordonnant les conditions de la règle et en l'insérant de façon optimisée dans une base de règles par exemple) [15, 17].

3.9 Corrigés des exercices

3.9.1 Hachage d'une position de Tic-Tac-Toe

```
const int Vide = 0;
const int Noir = 1;
const int Blanc = 2;

int damier [3] [3];
unsigned long long HashArray [3] [3] [2];
unsigned long long hash = 0;

/* initialisation des nombres aléatoires */
void initHash () {
  for (int i = 0; i < 3; i++)
    for (int j = 0; j < 3; j++)
      for (int k = 0; k < 2; k++) {
        HashArray [i] [j] [k] = 0;
        for (int b = 0; b < 64; b++)
          if ((rand () / (RAND_MAX + 1.0)) > 0.5)
            HashArray [i] [j] [k] |= (1ULL << b);
      }
}

/* calcul de la valeur de hachage */
void calculeHash () {
  hash = 0;
  for (int i = 0; i < 3; i++)
    for (int j = 0; j < 3; j++)
      if (damier [i] [j] == Noir)
        hash ^= HashArray [i] [j] [0];
      else if (damier [i] [j] == Blanc)
        hash ^= HashArray [i] [j] [1];
}
```

3.9.2 Hachage d'une position aux Échecs et au jeu du virus

- Aux Échecs, on utilise 12 nombres aléatoires par case (un par pièce différente), plus 4 nombres pour les droits de roques, plus 16 nombres pour les captures en passant, et un pour la couleur qui joue. Soit $64 \times 12 + 4 + 16 + 1 = 789$ nombres aléatoires.
- Au jeu du virus, on utilise seulement 98 nombres aléatoires, deux par case. Il est inutile d'avoir un nombre pour la couleur du joueur puisqu'il est impossible d'avoir deux positions identiques avec deux couleurs à jouer différentes lorsque le même joueur commence à jouer (chaque coup ajoute une pièce).

3.9.3 Hachage incrémental au Tic-Tac-Toe

```
void joue (int x, int y, int couleur) {
  damier [x] [y] = couleur;
  if (couleur == Noir)
    hash ^= HashArray [x] [y] [0];
  else if (couleur == Blanc)
    hash ^= HashArray [x] [y] [1];
}

void dejoue (int x, int y, int couleur) {
  damier [x] [y] = Vide;
  if (couleur == Noir)
    hash ^= HashArray [x] [y] [0];
  else if (couleur == Blanc)
    hash ^= HashArray [x] [y] [1];
}
```

3.9.4 Probabilité d'erreur

$$P = (1 - \frac{1}{N}) \times (1 - \frac{2}{N}) \times ... \times (1 - \frac{M-1}{N})$$

Si M est petit par rapport a N, on peut faire l'approximation suivante :

$$P \simeq 1 - \frac{1+2+...+(M-1)}{N} \simeq 1 - \frac{M^2}{2N}$$

Pour les x positifs proches de 0, on a $\log(1-x) \simeq -x$, donc $\log(P) \simeq -\frac{M(M-1)}{2N}$, d'où, pour des M assez grands $P \simeq e^{-\frac{M(M-1)}{2N}} \simeq e^{-\frac{M^2}{2N}}$

La probabilité d'avoir au moins une erreur est de $1 - P$. Pour une valeur de hachage sur 32 bits et une recherche qui utilise 10 millions de fois la table de transposition, la probabilité d'avoir au moins une erreur de type 1 est $E \simeq 1 - e^{-\frac{10^{14}}{2^{33}}} \simeq 1$, ce qui veut dire qu'on est presque certain d'avoir une erreur. Pour 64 bits, on obtient $E \simeq 2.7 * 10^{-6}$ ce qui est bien meilleur. En pratique pour des recherches de plusieurs millions de noeuds, on utilise des valeurs de hachage sur 64 bits.

3.9.5 Classes génériques pour les tables de transposition

```
int SizeTable = 65535; // une puissance de 2 moins 1

template <class Move>
class GenericTranspo {
 public:
  bool scoreExact;
  short int score;
  unsigned char depth;
  Move best;
  unsigned long long hash;
};

template <class Move, class Board, class Transpo>
class Table {
  Transpo * table;

 public:
  Table () {
    table = new Transpo [SizeTable + 1];
  }

  ~Table() {delete [] table;}

  Transpo * look (Board * b) {
    Transpo * trans = & table [b->hash () & SizeTable];
    if (trans->hash == b->hash ())
      return trans;
    return NULL;
  }

  bool add (Board * b, unsigned char depth,
            short int score,
            const Move & best, bool scoreExact) {
    Transpo * trans = & table [b->hash () & SizeTable];

    if (trans->depth >= depth)
      return false;
    trans->hash = b->hash ();
    trans->score = score;
    trans->scoreExact = scoreExact;
    trans->depth = depth;
    trans->best = best;
```

```
      return true;
    }
};
```

3.9.6 Alpha-Bêta avec tables de transposition

On reprend le code pour la recherche Alpha-Bêta avec l'heuristique du coup nul et l'heuristique de l'historique et on lui ajoute la mise à jour incrémentale d'un hashcode dans la classe virus et la gestion des transpositions dans l'Alpha-Bêta à l'aide de la classe Table générique. On ne donne dans ce qui suit que les modifications par rapport au corrigé de l'heuristique du coup nul (les classes et fonctions qui restent inchangées sont omises).

```
unsigned long long HashArray [Taille] [Taille] [2];

/* initialisation des nombres aléatoires */
void initHash () {
  for (int i = 0; i < Taille; i++)
    for (int j = 0; j < Taille; j++)
      for (int k = 0; k < 2; k++) {
        HashArray [i] [j] [k] = 0;
        for (int b = 0; b < 64; b++)
          if ((rand () / (RAND_MAX + 1.0)) > 0.5)
            HashArray [i] [j] [k] |= (1ULL << b);
      }
}

class Virus {
 public:
  char damier [Taille] [Taille];
  int nbNoirs, nbBlancs;
  int nbModifications;
  int pileModifications [20 * Taille * Taille];
  unsigned long long hashcode;


  Virus () {
    init ();
  }

  unsigned long long hash () { return hashcode; }

  void init () {
    for (int i = 0; i < Taille; i++)
      for (int j = 0; j < Taille; j++)
        damier [i] [j] = '+';
    hashcode = 0;
    damier [0] [0] = '@';
```

```
    hashcode ^= HashArray [0] [0] [0];
    damier [Taille - 1] [Taille - 1] = '@';
    hashcode ^= HashArray [Taille - 1] [Taille - 1] [0];
    damier [Taille - 1] [0] = 'O';
    hashcode ^= HashArray [Taille - 1] [0] [1];
    damier [0] [Taille - 1] = 'O';
    hashcode ^= HashArray [0] [Taille - 1] [1];
    nbNoirs = 2;
    nbBlancs = 2;
    nbModifications = 0;
  }

  void joue (const Coup & m) {
    damier [m.x] [m.y] = m.couleur;
    if (m.couleur == '@')
      hashcode ^= HashArray [m.x] [m.y] [0];
    else
      hashcode ^= HashArray [m.x] [m.y] [1];
    pileModifications [nbModifications] = m.x;
    nbModifications++;
    pileModifications [nbModifications] = m.y;
    nbModifications++;
    int nbSwaps = 0;
    if (m.couleur == '@')
      nbNoirs++;
    else
      nbBlancs++;

    char autre = adversaire (m.couleur);
    int debutx = m.x - 1, finx = m.x + 1;
    int debuty = m.y - 1, finy = m.y + 1;
    if (debutx < 0) debutx = 0;
    if (debuty < 0) debuty = 0;
    if (finx > Taille - 1) finx = Taille - 1;
    if (finy > Taille - 1) finy = Taille - 1;
    for (int i = debutx; i <= finx; i++)
      for (int j = debuty; j <= finy; j++)
        if (damier [i] [j] == autre) {
          damier [i] [j] = m.couleur;
          hashcode ^= HashArray [m.x] [m.y] [0];
          hashcode ^= HashArray [m.x] [m.y] [1];
          pileModifications [nbModifications] = i;
          nbModifications++;
          pileModifications [nbModifications] = j;
          nbModifications++;
          nbSwaps++;
          if (m.couleur == '@') {
```

```
          nbNoirs++;
          nbBlancs--;
        }
        else {
          nbNoirs--;
          nbBlancs++;
        }
      }
    pileModifications [nbModifications] = nbSwaps;
    nbModifications++;
  }

  void dejoue (const Coup & m) {
    int x, y, nbSwaps;
    char autre = adversaire (m.couleur);
    nbModifications--;
    nbSwaps = pileModifications [nbModifications];
    for (int i = 0; i < nbSwaps; i++) {
      nbModifications--;
      y = pileModifications [nbModifications];
      nbModifications--;
      x = pileModifications [nbModifications];
      damier [x] [y] = autre;
      hashcode ^= HashArray [x] [y] [0];
      hashcode ^= HashArray [x] [y] [1];
      if (m.couleur == '@') {
        nbNoirs--;
        nbBlancs++;
      }
      else {
        nbNoirs++;
        nbBlancs--;
      }
    }
    nbModifications--;
    y = pileModifications [nbModifications];
    nbModifications--;
    x = pileModifications [nbModifications];
    damier [x] [y] = '+';
    if (m.couleur == '@') {
      hashcode ^= HashArray [x] [y] [0];
      nbNoirs--;
    }
    else {
      hashcode ^= HashArray [x] [y] [1];
      nbBlancs--;
    }
```

```
  }
};

Table<Coup, Virus, GenericTranspo<Coup> > TT;

Virus virus;

int alphabeta (int depth, int alpha, int beta,
               char joueur, list<Coup> & vp);

void joueAlphaBeta (Coup & coup, int depth, int & alpha,
                    int & beta, char joueur,
                    list<Coup> &vp) {
  char autre = virus.adversaire (joueur);
  virus.joue (coup);
  list<Coup> vptemp;
  int eval = -alphabeta (depth - 1, -beta, -alpha, autre,
                         vptemp);
  if (eval > alpha) {
    alpha = eval;
    vp = vptemp;
    vp.push_front (coup);
  }
  virus.dejoue (coup);
  if (alpha >= beta) {
    scoreHistorique [coup.nombre ()] += 4 << (depth * 2);
  }
}

int alphabeta (int depth, int alpha, int beta,
               char joueur, list<Coup> & vp) {
  if (clock () - clockStart > maxClock)
    return 0;

  if (depth == 0)
    return quiescence (alpha, beta, joueur);

  char autre = virus.adversaire (joueur);
  /* Coupes selectives avec coup nul */
  int R = 2;
  if (depth > R + 1) {
    list<Coup> vptemp;
    int eval = -alphabeta (depth - 1 - R, -beta, -beta + 1,
                           autre, vptemp);
    if (eval >= beta)
      return beta;
  }
```

```
  /* fin des coupes selectives avec coup nul */

  Coup transpoMove;
  GenericTranspo<Coup> *t = TT.look (&virus);
  if (t != NULL) {
    if (t->depth >= depth) {
      if (t->scoreExact) return t->score;
      else alpha = max (alpha, (int)t->score);
      if (alpha >= beta) return beta;
    }
    /* on teste le coup de transposition en premier */
    transpoMove = t->best;
    if (virus.coupLegal (transpoMove))
      joueAlphaBeta (transpoMove, depth, alpha, beta,
                     joueur, vp);
  }

  list<Coup> listeCoups;
  if (alpha < beta) {
    listeCoups = virus.coupsLegaux (joueur);
    if (listeCoups.empty ())
      return virus.evaluationSiPlusDeCoupsPossibles
                                              (joueur);

    listeCoups.sort ();

    for (list<Coup>::iterator it = listeCoups.begin ();
         (it != listeCoups.end ()) && (alpha < beta); ++it)
      if ((t == NULL) || (*it != transpoMove))
        joueAlphaBeta (*it, depth, alpha, beta, joueur, vp);
  }

  if (alpha >= beta)
    TT.add (&virus, depth, alpha, *vp.begin (), false);
  else if (!vp.empty ())
    TT.add (&virus, depth, alpha, *vp.begin (), true);
  else if ()
    TT.add (&virus, depth, alpha, *listeCoups.begin (),
            true);

  return alpha;
}
```

3.9.7 Coupes de transposition améliorées

```
int alphabeta (int depth, int alpha, int beta,
               char joueur, list<Coup> & vp) {
  if (clock () - clockStart > maxClock)
    return 0;

  if (depth == 0)
    return quiescence (alpha, beta, joueur);

  char autre = virus.adversaire (joueur);
  /* Coupes selectives avec coup nul */
  int R = 2;
  if (depth > R + 1) {
    list<Coup> vptemp;
    int eval = -alphabeta (depth - 1 - R, -beta,
                           -beta + 1, autre, vptemp);
    if (eval >= beta)
      return beta;
  }
  /* fin des coupes selectives avec coup nul */

  Coup transpoMove;
  GenericTranspo<Coup> *t = TT.look (&virus);
  if (t != NULL) {
    if (t->depth >= depth) {
      if (t->scoreExact) return t->score;
      else alpha = max (alpha, (int)t->score);
      if (alpha >= beta) return beta;
    }
    transpoMove = t->best;
  }

  list<Coup> listeCoups = virus.coupsLegaux (joueur);
  if (listeCoups.empty ())
    return virus.evaluationSiPlusDeCoupsPossibles (joueur);

  /* coupes de transposition améliorées */
  if (depth > 2)
    for (list<Coup>::iterator it = listeCoups.begin();
         it != listeCoups.end() && alpha < beta;
         ++it) {
      virus.joue (*it);
      GenericTranspo<Coup> * t1 = TT.look (&virus);
      if (t1 != NULL)
        if (t1->depth >= depth - 1)
          if (t1->scoreExact)
```

```
        alpha = max (alpha, -t1->score);
      virus.dejoue (*it);
      if (alpha >= beta) return beta;
    }

  /* on teste le coup de transposition en premier */
  if (t != NULL && alpha < beta)
    if (virus.coupLegal (transpoMove))
      joueAlphaBeta (transpoMove, depth, alpha, beta,
                     joueur, vp);


  if (alpha < beta) {
    listeCoups.sort ();

    for (list<Coup>::iterator it = listeCoups.begin ();
         (it != listeCoups.end ()) && (alpha < beta); ++it)
      if ((t == NULL) || (*it != transpoMove))
        joueAlphaBeta (*it, depth, alpha, beta, joueur, vp);
  }

  if (alpha >= beta)
    TT.add (&virus, depth, alpha, *vp.begin (), false);
  else if (!vp.empty ())
    TT.add (&virus, depth, alpha, *vp.begin (), true);
  else if (!listeCoups.empty ())
    TT.add (&virus, depth, alpha, *listeCoups.begin (),
            true);
  else
    cerr << "bug\n";

  return alpha;
}
```

Chapitre 4

Recherche avec menaces

"La menace vaut mieux que l'exécution."

Aaron Nimzowitsch.

4.1 Introduction

Contrairement à l'Alpha-Bêta qui envisage tous les coups possibles, les raisonnements humains n'envisagent qu'un très petit nombre de coups et peuvent prévoir des séquences très profondes en étant très sélectifs. Ils peuvent notamment lire des séquences de coups forcés très profondes. Ce sont les algorithmes qui permettent d'effectuer ce type de recherche étroite et profonde que nous allons décrire dans ce chapitre.

Les algorithmes de recherche avec menaces [89, 21] sont efficaces dans les jeux pour lesquels jouer quelques coups de suite du même joueur permet très souvent de gagner. La notion de menace sera détaillée et formalisée au cours du chapitre.

Il peut être très utile dans les jeux complexes qui ont un grand nombre de coups possibles à chaque position d'être sélectif et de ne considérer qu'un sous ensemble des coups possibles. Lorsqu'on envisage tous les coups on a une explosion combinatoire qui réduit la profondeur à laquelle on peut chercher dans un temps fixé. Il peut être bénéfique de sélectionner les coups à envisager et d'éliminer des coups à priori inutiles. Toutefois, lorsqu'on choisit d'ignorer des coups on doit éviter deux revers :

- ne pas explorer des coups amis qui vont se révéler gagnants et donc sous évaluer une position,
- ne pas explorer des coups ennemis qui nous font perdre, et donc croire qu'une position n'est pas perdante alors qu'elle l'est.

Nous présentons dans ce chapitre des algorithmes de recherche qui permettent non seulement de faire une sélection sévère des coups à envisager mais aussi de donner des résultats plus fiables que les algorithmes sélectifs de recherche classiques comme la recherche avec coup nul, puisque ces résultats sont prouvés. En effet les algorithmes avec menaces analysent les raisons pour lesquelles une menace marche et utilisent ces raisons pour trouver l'ensemble complet des coups qui invalident la menace. Ainsi ils n'oublient jamais de réfutation et sont tout de même sélectifs. Les algorithmes qui utilisent des vérifications de menaces améliorent à la fois le temps de réponse des programmes de jeux et leur précision.

4.2 Le Phutball

Le Football des philosophes (ou Phutball) est un jeu décrit dans Winning Ways [6], un ouvrage sur la théorie combinatoire des jeux [29] appliquée à de nombreux jeux. Il a été surnommé Phutball par J. H. Conway. Les auteurs de Winning Ways pensent que ce jeu ne peut pas être totalement analysé par la théorie combinatoire des jeux (cf chapitre 14) car il est trop complexe.

Le Football des philosophes a été imaginé par Conway pour un damier 19x15. Les buts étant les lignes de longueur 15. Il est aussi joué sur des damiers de Go 19x19. Une pierre noire représente la balle et les pierres blanches représentent les joueurs de Football. Toutes les pièces sont communes aux deux joueurs, et les deux joueurs ont les mêmes coups légaux.

La partie commence avec un damier vide, la balle est placée sur l'intersection centrale. Ensuite, à chaque coup, chaque joueur doit (i) soit poser une nouvelle pierre blanche sur une intersection vide (ii) soit faire sauter la balle par dessus des pierres blanches en enlevant les pierres sautées au fur et à mesure de ses sauts.

Un saut peut être dans n'importe laquelle des 8 directions. On peut prendre une ligne continue de pierres en sautant par dessus. On peut effectuer plusieurs sauts dans des directions différentes dans le même coup. Le but du jeu est de faire parvenir la balle sur la première ligne du camp adverse, ou derrière cette première ligne.

La figure 4.1 donne une partie de Phutball 9x9. Après le coup numéro 11, la balle est sur la dernière ligne à droite et c'est donc le joueur Gauche qui a gagné.

La complexité algorithmique du Phutball n'a pas encore été trouvée. Toutefois, le simple problème de déterminer si le joueur qui a la main peut gagner en un coup est déjà NP-complet [32].

Exercice : Écrire une classe Phutball qui représente un damier et qui permet de jouer des coups sur le modèle de la classe Virus du chapitre un. Écrire un programme de Phutball qui joue aléatoirement.

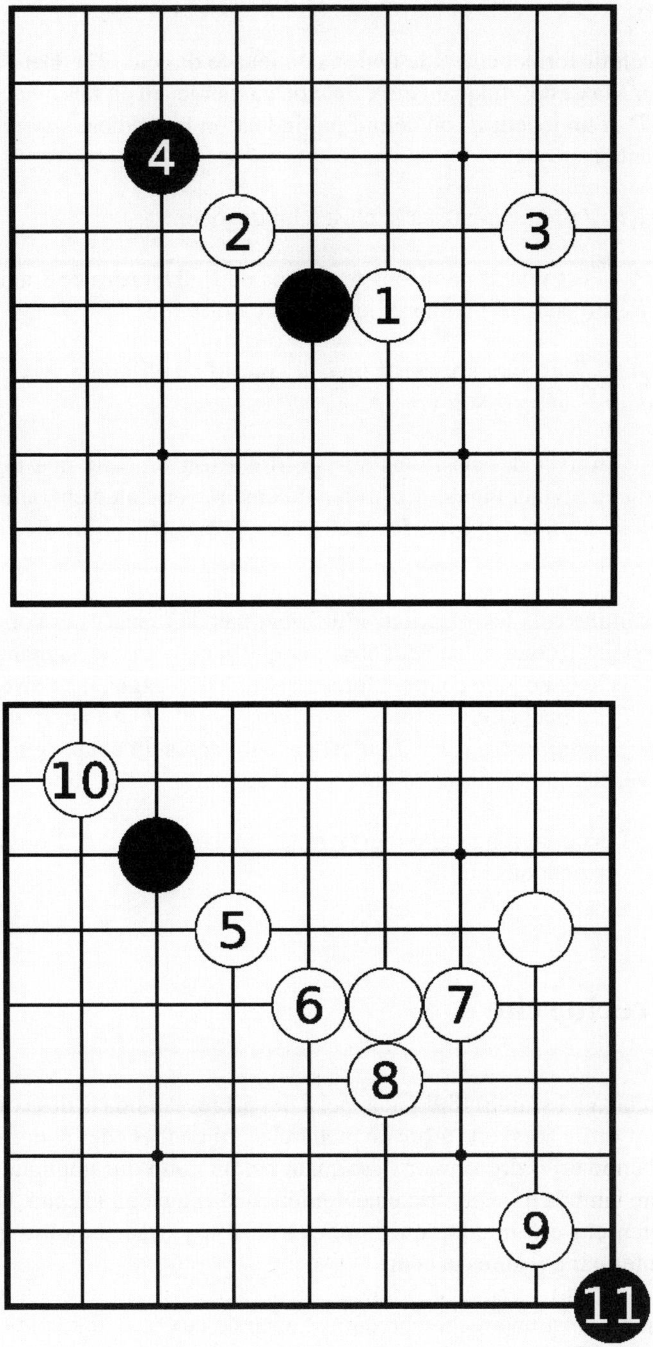

FIGURE 4.1 – Une partie de Phutball 9x9.

4.3 Les menaces directes

On peut définir formellement la notion de menace directe [21]. Dans le reste du chapitre, le joueur Max est l'attaquant qui essaie de gagner le jeu en faisant des menaces. Soit une position P et un joueur J, on définit par induction le prédicat $gagnant_k(P, J)$ de la manière suivante :

$gagnant_0(P, J)$: J peut gagner si c'est à lui de jouer.

$gagne_k(P, J)$ est vrai si pour tous les coups de l'adversaire de J amenant chacun à une position P', on peut vérifier après le coup que $gagnant_{k'}(P', J)$ avec $k' < k$.

$gagnant_k(P, J)$ est vrai s'il existe un coup pour J tel qu'après ce coup menant à une position P', $gagne_k(P', J)$ soit vrai.

Exercice : Trouver des positions au Go-Moku (on rappelle que le but du jeu est d'être le premier à aligner cinq croix horizontalement, verticalement ou en diagonale sur une grille) qui sont prouvées avec des recherches $gagnant_0$, $gagnant_1$, $gagnant_2$ puis $gagnant_3$.

Définies comme cela les fonctions n'utilisent pas de menaces et correspondent à un Minimax classique. Toutefois on peut observer que si un coup est gagnant au niveau k, la position une fois le coup joué contient forcément un coup gagnant au niveau $k - 1$. Donc $gagnant_k(P, J)$ ne peut être vrai que si $gagnant_{k-1}(P', J)$ est aussi vrai après le coup gagnant. Donc si $gagnant_{k-1}(P', J)$ n'est pas vrai après un coup, ce n'est pas la peine d'essayer de vérifier $gagnant_k(P, J)$ et on peut couper la vérification.

Exercice : Écrire un fonction qui détecte les menaces directes d'ordre n au Phutball en coupant les vérifications inutiles.

4.4 La recherche λ

La recherche λ (λ search) [89] fait appel à des arbres lambda et des coups lambda. Un arbre lambda d'ordre n est une arbre de recherche qui contient des coups lambda d'ordre n. Un coup lambda d'ordre n pour l'attaquant est un coup qui implique qu'il existe au moins un arbre lambda d'ordre strictement inférieur à n qui suit le coup. Un coup d'ordre n pour le défenseur est un coup qui implique qu'il n'y a aucun arbre gagnant d'ordre strictement inférieur à n après le coup.

La recherche λ est une recherche qui est adaptée aux jeux qui contiennent de nombreuses menaces. Elle joue plusieurs coups de suite de la même couleur et ne continue la recherche que si la position est gagnante après ces plusieurs coups. De manière générale, elle ne fait une recherche à l'ordre n que s'il existe un coup de Max qui est gagnant quand il est suivi d'une recherche à l'ordre $n - 1$. Un coup de Min d'ordre n n'est envisagé que si toutes les recherches lambda d'ordre strictement inférieur à n qui le suivent échouent.

L'algorithme pour la recherche λ est le suivant :

Algorithm 2 Recherche λ

```
lambda (joueur, ordre)
if position gagnée ou gagnante en un coup de joueur then
  return true
end if
if ordre = 0 then
  return false
end if
for tous les coup légaux de joueur do
  menaceVérifiée ← false
  jouer le coup
  if lambda (joueur, ordre − 1) then
    menaceVérifiée ← true
    for tous les coup légaux de l'adversaire de joueur do
      jouer le coup
      if not lambda (joueur, ordre) then
        menaceVérifiée ← false
      end if
      retirer le coup
    end for
  end if
  retirer le coup
  if menaceVérifiée then
    return true
  end if
end for
return false
```

On peut remarquer qu'on passe de la recherche λ à la recherche de menaces directes en remplaçant $ordre$ par $ordre - 1$ dans l'appel récursif.

Exercice : Implémenter la recherche λ au Phutball.

4.5 La réduction aux coups prometteurs

Au Phutball les coups gagnants sont très souvent des coups qui étendent le chemin possible de la balle vers son but ou des coups qui déplacent la balle. Si on restreint à ces coups la recherche de coups gagnants dans les menaces, on réduit énormément le facteur de branchement sans pour autant omettre beaucoup de menaces.

On peut de plus observer que les coups d'ordre zéro (les coups immédiatement gagnants) sont toujours des coups qui déplacent la balle. Par induction on peut déduire que les coups d'ordre un ne sont jamais des coups qui déplacent la balle (sinon ils pourraient être gagnants directement).

Exercice : Modifier la recherche de menaces au Phutball de façon à ne tester pour le joueur Max que les coups qui étendent le chemin de la balle ou la déplacent. Prendre en compte l'ordre de la menace pour restreindre les coups à envisager.

De façon plus générale, les heuristiques admissibles permettent d'améliorer significativement la recherche avec menaces [22]. Une heuristique admissible donne un minorant sur le nombre de coups de l'attaquant restant à jouer avant de gagner. Il est clair que si l'heuristique admissible donne une valeur h, il ne sera pas possible de vérifier des arbres λ d'ordre strictement inférieur à h.

De même que les heuristiques admissibles les connaissances sur les coups qui peuvent atteindre un but sont très utiles. Par exemple, au Go, le nombre de libertés d'une chaîne est une heuristique admissible pour la capture : il faudra au moins autant de coups pour la capturer que son nombre de libertés. Une connaissance pour sélectionner les coups d'ordre n de capture d'une chaîne à n libertés est que seuls les coups sur les libertés de la chaîne sont à envisager.

4.6 L'élargissement itératif

L'élargissement itératif [18, 20] consiste à effectuer une recherche complète pour Max pour un ordre donné avant d'accroître l'ordre de la recherche. En pratique on essaie une recherche d'ordre un ; si elle échoue on essaie une recherche d'ordre deux ; si elle échoue on essaie une recherche d'ordre trois ; et ainsi de suite jusqu'à ce que le problème soit résolu ou jusqu'à ce que le temps alloué soit dépassé.

Exercice : Intégrer l'élargissement itératif à la recherche λ au Phutball.

4.7 La limitation du nombre de coups de chaque ordre

Un problème de la recherche λ est qu'elle peut exploser en temps à cause du grand nombre de menaces possibles qui peuvent être vérifiées pour un ordre donné. C'est par exemple le cas au Phutball où il est difficile de vérifier une recherche λ d'ordre deux. Une façon de limiter la recherche λ est de limiter le nombre de coups et de menaces d'un ordre donné. On va représenter cette limitation par un tableau, le nombre à l'indice n représentera le nombre de coups d'ordre n qu'on a le droit de jouer pour vérifier la menace.

La recherche λ classique peut être modélisée avec les menaces limitées. Par exemple développer un arbre λ_1 est équivalent à vérifier une menace (∞,∞,0), λ_2 avec (∞,∞,∞,0) et ainsi de suite. En effet la recherche λ d'ordre n fait un appel récursif à la recherche λ d'ordre n sans limitation de profondeur. Alors que la recherche λ limitée arrêtera sa recherche après un nombre limité d'appels récursifs d'ordre n.

Exercice : Implémenter la recherche λ limitée au Phutball.

4.8 Les coups qui tuent

De même que pour l'Alpha-Bêta il peut être intéressant pour la recherche de menaces de mémoriser des coups qui tuent. Ainsi par exemple si un coup a permis de vérifier une menace, c'est un coup à essayer en priorité après le coup de l'adversaire qui cherche à parer la menace. On utilise donc deux tableaux de coups qui tuent (un pour Max et un pour Min), et plutôt que de les indicer par la profondeur comme dans l'Alpha-Bêta on les indice par le nombre de coups Max (respectivement Min) déjà joués de façon à réessayer le coup Max gagnant après le coup Min.

Exercice : Ajouter les coups qui tuent à la recherche de menaces.

4.9 Les zones pertinentes

Les zones pertinentes permettent d'améliorer significativement la recherche λ. Une zone pertinente est l'ensemble des cases, ou des intersections suivant le jeu, qui interviennent dans la preuve d'un arbre λ. Les seuls coups qui peuvent invalider cet arbre λ sont les coups sur sa zone pertinente. Ainsi lorsqu'on cherche des coups pour le défenseur à un noeud, les seuls coups à essayer sont les coups de la zone pertinente de l'arbre λ prouvé au noeud.

4.10 Corrigés des exercices

4.10.1 Phutball

On représente un coup comme une liste d'intersections. Si la liste ne comporte qu'une seule intersection c'est l'emplacement de la pierre blanche qu'on pose. Si la liste comporte plusieurs intersections, c'est un coup de prise, la première intersection est l'emplacement initial de la balle, les intersections suivantes sauf la dernière sont les pierres blanches prises et la dernière intersection est l'emplacement final de la balle.

```
#include <iostream>
#include <list>
#include <algorithm>
```

```
using namespace std;

const int Taille = 9;

const int JoueurGauche = 0;
const int JoueurDroit = 1;

class Intersection {
 public:
  int x, y;

  bool legale () {
    return ((x >= 0) && (x < Taille) &&
            (y >= 0) && (y < Taille));
  }
};

class Coup {
 public:
  list<Intersection> l;

  friend istream & operator >> (istream & entree,
                                Coup & c);

  friend ostream & operator << (ostream & sortie,
                                Coup & c);
};

istream & operator >> (istream & entree,
                       Coup & c) {
  Intersection inter;
  entree >> inter.x >> inter.y;
  while (true) {
    c.l.push_back (inter);
    entree >> inter.x;
    if (inter.x == -1)
      break;
    entree >> inter.y;
  }
  return entree;
}

ostream & operator << (ostream & sortie,
                       Coup & c) {
  for (list<Intersection>::iterator it = c.l.begin ();
       it != c.l.end (); ++it)
```

```
    sortie << "(" << it->x << "," << it->y << ")";
  return sortie;
}


class Phutball {
 public:
  char damier[Taille][Taille];
  Intersection balle;

  Phutball () {
    init ();
  }

  void init () {
    for (int i = 0; i < Taille; i++)
      for (int j = 0; j < Taille; j++)
        damier[i][j] = '+';
    damier[Taille / 2][Taille / 2] = '@';
    balle.x = Taille / 2;
    balle.y = Taille / 2;
  }

  void joue (Coup & c) {
    list<Intersection>::iterator it = c.l.begin ();
    if (c.l.size () == 1)
      damier[it->x][it->y] = 'O';
    else {
      list<Intersection>::iterator precedent;
      while (true) {
        precedent = it;
        it++;
        if (it == c.l.end ())
          break;
        damier[precedent->x][precedent->y] = '+';
      }
      if (precedent->legale ()) {
        damier[precedent->x][precedent->y] = '@';
        balle = *precedent;
      }
    }
  }

  bool gagne (int joueur, Intersection inter) {
    if (((joueur == JoueurDroit) && (inter.x < 0)) ||
        ((joueur == JoueurDroit) && inter.legale () &&
         (inter.x == 0)) ||
```

```
        ((joueur == JoueurGauche) &&
         (inter.x > Taille - 1)) ||
        ((joueur == JoueurGauche) && inter.legale () &&
         (inter.x == Taille - 1)))
      return true;
    return false;
}

bool coupsLegaux (int joueur, list<Coup> & liste) {
  for (int i = 0; i < Taille; i++)
    for (int j = 0; j < Taille; j++)
      if (damier [i] [j] == '+') {
        Intersection inter;
        inter.x = i;
        inter.y = j;
        Coup coup;
        coup.l.push_back (inter);
        liste.push_back (coup);
      }
  Coup coup;
  coup.l.push_back (balle);
  damier [balle.x] [balle.y] = '+';
  bool gagne = coupsBalle (joueur, coup, liste);
  damier [balle.x] [balle.y] = '@';
  return gagne;
}

bool coupsBalle (int joueur, Coup & coup,
                 list<Coup> & liste) {
  bool coupGagnant = false;
  for (int i = -1; i <= 1; i++)
    for (int j = -1; j <= 1; j++) {
      Intersection inter = balle;
      inter.x += i;
      inter.y += j;
      if (inter.legale ())
        if (damier [inter.x] [inter.y] == 'O') {
          Coup coup1 = coup;
          list<Intersection> pierresEnlevees;
          while (true) {
            coup1.l.push_back (inter);
            pierresEnlevees.push_back (inter);
            inter.x += i;
            inter.y += j;
            if ((inter.x < 0) || (inter.x >= Taille) ||
                (inter.y < 0) || (inter.y >= Taille) ||
                (damier [inter.x] [inter.y] != 'O'))
```

```
                break;
            }
            if (gagne (joueur, inter)) {
              coup1.l.push_back (inter);
              liste.push_back (coup1);
              coupGagnant = true;
            }
            else if (inter.legale ()) {
              if (damier [inter.x] [inter.y] == '+') {
                // on memorise la place de la balle
                Intersection ancienneBalle = balle;
                // on deplace la balle
                balle = inter;
                // on enleve les pierres sautees
                for (list<Intersection>::iterator it =
                                       pierresEnlevees.begin ();
                     it != pierresEnlevees.end (); ++it)
                  damier [it->x] [it->y] = '+';
                // on ajoute le nouveau coup
                Coup coup2 = coup1;
                coup2.l.push_back (inter);
                liste.push_back (coup2);
                // on regarde les coups suivants
                if (coupsBalle (joueur, coup1, liste))
                  coupGagnant = true;
                // on remet les pierres enlevees
                for (list<Intersection>::iterator it =
                                       pierresEnlevees.begin ();
                     it != pierresEnlevees.end (); ++it)
                  damier [it->x] [it->y] = 'O';
                // on remet la balle
                balle = ancienneBalle;
              }
              else
                cerr << "bug␣coupsBalle␣\n";
            }
          }
        }
    return coupGagnant;
  }

  friend ostream & operator << (ostream & sortie,
                                Phutball & v);
};

ostream & operator << (ostream & sortie,
                       Phutball & v) {
```

```
  sortie << "␣␣";
  for (int i = 0; i < Taille; i++)
    sortie << i << "␣";
  sortie << endl;

  for (int i = 0; i < Taille; i++) {
    sortie << i << "␣";
    for (int j = 0; j < Taille; j++)
      sortie << v.damier [j] [i] << "␣";
    sortie << endl;
  }
  return sortie;
}

Phutball phutball;

int main () {
  list <Coup> listeCoups;
  while (true) {
    cout << phutball;
    listeCoups.clear ();
    if (phutball.coupsLegaux (JoueurGauche, listeCoups)) {
      cout << "j'ai␣gagne␣!" << endl;
      break;
    }
    Coup coupAleatoire;
    int i = 0, indice = rand () % listeCoups.size ();
    for (list <Coup>::iterator it = listeCoups.begin ();
         it != listeCoups.end (); ++it) {
      if (i == indice) {
        coupAleatoire = *it;
        break;
      }
      i++;
    }
    cout << "Je␣joue␣en␣" << coupAleatoire << endl;
    phutball.joue (coupAleatoire);
    cout << phutball;
    listeCoups.clear ();
    if (phutball.coupsLegaux (JoueurDroit, listeCoups)) {
      cout << "vous␣avez␣gagne␣!" << endl;
      break;
    }
    Coup coup;
    cin >> coup;
    phutball.joue (coup);
  }
```

```
  return 0;
}
```

4.10.2 Positions $gagnant_0$ à $gagnant_3$ au Go-Moku

```
.     .     . .         . .
x     x      ..          ..
x     x       .           .
x     x      xx         .xx.
x     .      x x         x .
      .       .  .       .xx.
                            .
                            ..
                            .  .
```

4.10.3 Menaces au Phutball

Dans tous les algorithmes avec menaces qui suivent on utilise des fonctions récursives de recherche qui maintiennent incrémentalement l'état du damier. En plus de la fonction pour jouer les coups on a donc besoin d'une fonction qui retire le dernier coup joué ; on place donc la fonction suivante dans la classe Phutball :

```
void dejoue (Coup & c) {
  list<Intersection>::iterator it = c.l.begin ();
  if (c.l.size () == 1) {
    damier [it->x] [it->y] = '+';
  }
  else {
    damier [balle.x] [balle.y] = '+';
    balle = *it;
    it++;
    list<Intersection>::iterator precedent;
    while (true) {
      precedent = it;
      it++;
      if (it == c.l.end ())
        break;
      damier [precedent->x] [precedent->y] = 'O';
    }
    damier [balle.x] [balle.y] = '@';
  }
}
```

La fonction `gagnant` suivante teste si un coup est gagnant à l'ordre n :

```
int adversaire (int joueur) {
  if (joueur == JoueurGauche)
    return JoueurDroit;
  return JoueurGauche;
}

bool gagnant (int joueur, int n) {
  if (phutball.gagne (joueur))
    return true;
  list<Coup> listeCoups, listeCoupsAdverses;
  if (phutball.coupsLegaux (joueur, listeCoups))
    return true;
  if (n == 0)
    return false;
  int autre = adversaire (joueur);
  if (phutball.coupsLegaux (autre, listeCoupsAdverses))
    return false;
  for (list<Coup>::iterator it = listeCoups.begin ();
        it != listeCoups.end (); ++it) {
    bool menaceVerifiee = false;
    phutball.joue (*it);
    if (gagnant (joueur, n - 1)) {
      menaceVerifiee = true;
      if (phutball.coupsLegaux (autre, listeCoupsAdverses))
        menaceVerifiee = false;
      for (list<Coup>::iterator it1 =
                                         listeCoupsAdverses.begin ();
           (it1 != listeCoupsAdverses.end ()) &&
            menaceVerifiee; ++it1) {
        phutball.joue (*it1);
        if (!gagnant (joueur, n - 1))
          menaceVerifiee = false;
        phutball.dejoue (*it1);
      }
    }
    phutball.dejoue (*it);
    if (menaceVerifiee)
      return true;
  }
  return false;
}
```

4.10.4 Recherche λ au Phutball

```
bool lambda (int joueur, int ordre) {
  if (phutball.gagne (joueur, phutball.balle))
    return true;
  list<Coup> listeCoups, listeCoupsAdverses;
  if (phutball.coupsLegaux (joueur, listeCoups))
    return true;
  if (ordre == 0)
    return false;
  for (list<Coup>::iterator it = listeCoups.begin ();
       it != listeCoups.end (); ++it) {
    bool menaceVerifiee = false;
    phutball.joue (*it);
    if (lambda (joueur, ordre - 1)) {
      menaceVerifiee = true;
      int autre = adversaire (joueur);
      if (phutball.coupsLegaux (autre, listeCoupsAdverses))
        menaceVerifiee = false;
      for (list<Coup>::iterator it1 =
                                   listeCoupsAdverses.begin ();
           (it1 != listeCoupsAdverses.end ()) &&
            menaceVerifiee; ++it1) {
        phutball.joue (*it1);
        if (!lambda (joueur, ordre))
          menaceVerifiee = false;
        phutball.dejoue (*it1);
      }
    }
    phutball.dejoue (*it);
    if (menaceVerifiee)
      return true;
  }
  return false;
}
```

4.10.5 Réduction aux coups prometteurs

On ajoute les fonctions suivantes dans la classe Phutball de façon à trouver les coups qui étendent le chemin de la balle (fonction `coupsVoisinsBalle`) et à prendre en compte l'ordre de la menace pour réduire le nombre de coups à envisager (fonction `coupsLegaux`) :

```
bool coupsLegaux (int ordre, int joueur,
                  list<Coup> & liste) {
  bool gagne = false;
  liste.clear ();
```

```
  if (ordre > 0)
    coupsVoisinsBalle (joueur, liste);
  if (ordre != 1) {
    Coup coup;
    coup.l.push_back (balle);
    damier [balle.x] [balle.y] = '+';
    gagne = coupsBalle (joueur, coup, liste);
    damier [balle.x] [balle.y] = '@';
  }
  return gagne;
}

bool elementCoup (Coup & coup, list<Coup> & liste) {
  for (list<Coup>::iterator it = liste.begin ();
       it != liste.end (); ++it)
    if (coup == *it)
      return true;
  return false;
}

bool ajouteCoup (Coup & coup, list<Coup> & liste) {
  if (!elementCoup (coup, liste)) {
    liste.push_back (coup);
    return true;
  }
  return false;
}

bool elementIntersection (Intersection & inter,
                          list<Intersection> & liste) {
  for (list<Intersection>::iterator it = liste.begin ();
       it != liste.end (); ++it)
    if (inter == *it)
      return true;
  return false;
}

bool ajouteIntersection (Intersection & inter,
                         list<Intersection> & liste) {
  if (!elementIntersection (inter, liste)) {
    liste.push_back (inter);
    return true;
  }
  return false;
}

void intersectionsBalle (Intersection interBalle,
```

```
                              list<Intersection> & liste) {
  if (!elementIntersection (interBalle, liste)) {
    ajouteIntersection (interBalle, liste);
    for (int i = -1; i <= 1; i++)
      for (int j = -1; j <= 1; j++) {
        Intersection inter = interBalle;
        inter.x += i;
        inter.y += j;
        if (inter.legale ()) {
          if (damier [inter.x] [inter.y] == 'O') {
            while (true) {
              inter.x += i;
              inter.y += j;
              if (!inter.legale () ||
                  (damier [inter.x] [inter.y] != 'O'))
                break;
            }
            if (inter.legale () &&
                (damier [inter.x] [inter.y] == '+'))
              intersectionsBalle (inter, liste);
          }
        }
      }
  }
}

void coupsVoisinsBalle (int joueur,
                        list<Coup> & listeCoups) {
  list<Intersection> liste;
  intersectionsBalle (balle, liste);
  int meilleur, meilleurBalle;
  if (joueur == JoueurDroit) {
    meilleur = Taille;
    meilleurBalle = Taille;
  }
  else {
    meilleur = -1;
    meilleurBalle = -1;
  }
  for (list<Intersection>::iterator it = liste.begin ();
       it != liste.end (); ++it) {
    if (damier [it->x] [it->y] == '+') {
      if (((joueur == JoueurDroit) &&
           (it->x < meilleurBalle)) ||
          ((joueur == JoueurGauche) &&
           (it->x > meilleurBalle)))
        meilleurBalle = it->x;
```

```
      }
      for (int i = -1; i <= 1; i++)
        for (int j = -1; j <= 1; j++) {
          Intersection inter = *it;
          inter.x += i;
          inter.y += j;
          if (inter.legale ())
            if (damier [inter.x] [inter.y] == '+') {
              if (((joueur == JoueurDroit) &&
                   (inter.x < meilleur)) ||
                  ((joueur == JoueurGauche) &&
                   (inter.x > meilleur)))
                meilleur = inter.x;
            }
        }
    }
    for (list<Intersection>::iterator it = liste.begin ();
         it != liste.end (); ++it) {
      if (damier [it->x] [it->y] == '+')
        if (it->x == meilleurBalle) {
          Coup coup;
          coup.l.push_back (*it);
          ajouteCoup (coup, listeCoups);
        }
      for (int i = -1; i <= 1; i++)
        for (int j = -1; j <= 1; j++) {
          Intersection inter = *it;
          inter.x += i;
          inter.y += j;
          if (inter.legale ())
            if (damier [inter.x] [inter.y] == '+')
              if (inter.x == meilleur) {
                Coup coup;
                coup.l.push_back (inter);
                ajouteCoup (coup, listeCoups);
              }
        }
    }
  }
```

La modification de la recherche λ est minime puisqu'il suffit d'ajouter l'ordre du coup pour les coups Max :

```
bool lambda (int joueur, int ordre) {
  if (phutball.gagne (joueur, phutball.balle))
    return true;
  list<Coup> listeCoups, listeCoupsAdverses;
  if (phutball.coupsLegaux (0, joueur, listeCoups))
```

```
    return true;
  if (ordre == 0)
    return false;
  phutball.coupsLegaux (ordre, joueur, listeCoups);
  for (list<Coup>::iterator it = listeCoups.begin ();
       it != listeCoups.end (); ++it) {
    bool menaceVerifiee = false;
    phutball.joue (*it);
    if (lambda (joueur, ordre - 1)) {
      menaceVerifiee = true;
      int autre = adversaire (joueur);
      if (phutball.coupsLegaux (autre, listeCoupsAdverses))
        menaceVerifiee = false;
      for (list<Coup>::iterator it1 =
                                     listeCoupsAdverses.begin ();
           (it1 != listeCoupsAdverses.end ()) &&
            menaceVerifiee; ++it1) {
        phutball.joue (*it1);
        if (!lambda (joueur, ordre))
          menaceVerifiee = false;
        phutball.dejoue (*it1);
      }
    }
    phutball.dejoue (*it);
    if (menaceVerifiee)
      return true;
  }
  return false;
}
```

4.10.6 Elargissement Iteratif

Pour effectuer l'élargissement itératif on ajoute une boucle sur l'ordre de l'appel récursif dans la recherche λ :

```
bool lambda (int joueur, int ordre) {
  if (phutball.gagne (joueur, phutball.balle))
    return true;
  int autre = adversaire (joueur);
  if (phutball.gagne (autre, phutball.balle))
    return false;
  list<Coup> listeCoups, listeCoupsAdverses;
  if (phutball.coupsLegaux (0, joueur, listeCoups))
    return true;
  if (ordre == 0)
    return false;
```

```
  phutball.coupsLegaux (ordre, joueur, listeCoups);
  for (list<Coup>::iterator it = listeCoups.begin ();
       it != listeCoups.end (); ++it) {
    phutball.joue (*it);
    bool menaceVerifiee = false;
    for (int o = 0; (o < ordre) && !menaceVerifiee; o++)
      if (lambda (joueur, o))
        menaceVerifiee = true;
    bool gagneVerifie = false;
    if (menaceVerifiee)
      if (!phutball.coupsLegaux (autre,
                                 listeCoupsAdverses))
        for (int o = 0; o <= ordre; o++) {
          gagneVerifie = true;
          for (list<Coup>::iterator it1 =
                                listeCoupsAdverses.begin ();
               (it1 != listeCoupsAdverses.end ()) &&
                gagneVerifie; ++it1) {
            phutball.joue (*it1);
            if (!lambda (joueur, o))
              gagneVerifie = false;
            phutball.dejoue (*it1);
          }
          if (gagneVerifie)
            break;
        }
    phutball.dejoue (*it);
    if (gagneVerifie)
      return true;
  }
  return false;
}
```

4.10.7 Lambda limitée

On commence par écrire une classe pour représenter les menaces limitées :

```
const int MaxOrdre = 5;

class Menace {
 public:
  int nbOrdre [MaxOrdre];

  Menace (int n0 = 0, int n1 = 0, int n2 = 0, int n3 = 0,
          int n4 = 0) {
    for (int i = 0; i < MaxOrdre; i++)
```

```
      nbOrdre [i] = 0;
    nbOrdre [0] = n0;
    nbOrdre [1] = n1;
    nbOrdre [2] = n2;
    nbOrdre [3] = n3;
    nbOrdre [4] = n4;
  }

  void ecrete (int n) {
    for (int i = n; i < MaxOrdre; i++)
      nbOrdre [i] = 0;
  }

  int ordre () {
    for (int i = 0; i < MaxOrdre - 1; i++)
      if (nbOrdre [i + 1] == 0)
        return i;
    return MaxOrdre - 1;
  }

  friend ostream & operator << (ostream & sortie,
                                Menace & m);
};

ostream & operator << (ostream & sortie,
                       Menace & m) {
  sortie << "(" << m.nbOrdre [0] << "," <<
    m.nbOrdre [1] << "," << m.nbOrdre [2] << "," <<
    m.nbOrdre [3] << ")";
  return sortie;
}
```

On utilise ensuite cette classe Menace pour restreindre la recherche λ :

```
bool lambda (int joueur, Menace m) {
  if (phutball.gagne (joueur, phutball.balle))
    return true;
  int autre = adversaire (joueur);
  if (phutball.gagne (autre, phutball.balle))
    return false;
  list<Coup> listeCoups, listeCoupsAdverses;
  if (phutball.coupsLegaux (0, joueur, listeCoups))
    return true;
  int n = m.ordre ();
  phutball.coupsLegaux (n, joueur, listeCoups);
  if (n == 0)
    return false;
  for (list<Coup>::iterator it = listeCoups.begin ();
```

```
      it != listeCoups.end (); ++it) {
    phutball.joue (*it);
    bool menaceVerifiee = false;
    int ordre = 0;
    for (int o = 0; (o < n) && !menaceVerifiee; o++) {
      Menace m1 = m;
      m1.ecrete (o + 1);
      if (lambda (joueur, m1)) {
        menaceVerifiee = true;
        ordre = o;
      }
    }
    m.nbOrdre [ordre + 1]--;
    bool gagneVerifie = false;
    if (menaceVerifiee)
      if (!phutball.coupsLegaux (autre,
                                 listeCoupsAdverses))
        for (int o = 0; (o <= m.ordre ()) &&
                        !gagneVerifie; o++) {
          Menace m1 = m;
          m1.ecrete (o + 1);
          gagneVerifie = true;
          for (list<Coup>::iterator it1 =
                               listeCoupsAdverses.begin ();
               (it1 != listeCoupsAdverses.end ()) &&
                gagneVerifie; ++it1) {
            phutball.joue (*it1);
            if (!lambda (joueur, m1))
              gagneVerifie = false;
            phutball.dejoue (*it1);
          }
          if (gagneVerifie)
            break;
        }
    phutball.dejoue (*it);
    m.nbOrdre [ordre + 1]++;
    if (gagneVerifie)
      return true;
  }
  return false;
}
```

4.10.8 Coups qui tuent

On utilisent deux tableaux de coups pour les coups qui tuent :

```
Coup tueurMax [100], tueurMin [100];

void insereEnPremier (Coup & coup,
                      list <Coup> & listeCoups) {
  for (list <Coup>::iterator it = listeCoups.begin ();
       it != listeCoups.end (); ++it)
    if (coup == *it) {
      listeCoups.erase (it);
      listeCoups.push_front (coup);
      break;
    }
}

bool lambda (int joueur, Menace m, int nbCoupsMax = 0,
             int nbCoupsMin = 0) {
  if (phutball.gagne (joueur, phutball.balle))
    return true;
  int autre = adversaire (joueur);
  if (phutball.gagne (autre, phutball.balle))
    return false;
  list <Coup> listeCoups, listeCoupsAdverses;
  if (phutball.coupsLegaux (0, joueur, listeCoups))
    return true;
  int n = m.ordre ();
  if (n == 0)
    return false;
  phutball.coupsLegaux (n, joueur, listeCoups);
  insereEnPremier (tueurMax [nbCoupsMax], listeCoups);
  for (list <Coup>::iterator it = listeCoups.begin ();
       it != listeCoups.end (); ++it) {
    phutball.joue (*it);
    bool menaceVerifiee = false;
    int ordre = 0;
    for (int o = 0; (o < n) && !menaceVerifiee; o++) {
      Menace m1 = m;
      m1.ecrete (o + 1);
      if (lambda (joueur, m1, nbCoupsMax + 1,
                  nbCoupsMin)) {
        menaceVerifiee = true;
        ordre = o;
      }
    }
    m.nbOrdre [ordre + 1]--;
```

```
    bool gagneVerifie = false;
    if (menaceVerifiee)
      if (!phutball.coupsLegaux (autre,
                                 listeCoupsAdverses))
        for (int o = 0; (o <= m.ordre ()) &&
                        !gagneVerifie; o++) {
          insereEnPremier (tueurMin [nbCoupsMin],
                           listeCoupsAdverses);
          Menace ml = m;
          ml.ecrete (o + 1);
          gagneVerifie = true;
          for (list<Coup>::iterator it1 =
                           listeCoupsAdverses.begin ();
               (it1 != listeCoupsAdverses.end ()) &&
                gagneVerifie; ++it1) {
            phutball.joue (*it1);
            if (!lambda (joueur, ml, nbCoupsMax + 1,
                         nbCoupsMin + 1)) {
              tueurMin [nbCoupsMin] = *it1;
              gagneVerifie = false;
            }
            phutball.dejoue (*it1);
          }
          if (gagneVerifie)
            break;
        }
    phutball.dejoue (*it);
    m.nbOrdre [ordre + 1]++;
    if (gagneVerifie) {
      tueurMax [nbCoupsMax] = *it;
      return true;
    }
  }
  return false;
}
```

On peut alors utiliser le coup qui tue de profondeur zéro pour avoir un joueur parfait de Phutball 9x9 :

```
int main () {
  list<Coup> listeCoups;
  while (true) {
    cout << phutball;
    listeCoups.clear ();
    if (phutball.coupsLegaux (JoueurGauche, listeCoups)) {
      cout << "j'ai␣gagne␣!" << endl;
      break;
    }
```

```
    Menace m (1, 4, 1);
    cout << "test␣lambda␣" << m << "␣=␣" <<
             lambda (JoueurGauche, m) << endl;
    Coup coupQuiTue = tueurMax [0];
    cout << "Je␣joue␣en␣" << coupQuiTue << endl;
    phutball.joue (coupQuiTue);
    cout << phutball;
    listeCoups.clear ();
    if (phutball.coupsLegaux (JoueurDroit, listeCoups)) {
      cout << "vous␣avez␣gagne␣!" << endl;
      break;
    }
    Coup coup;
    cin >> coup;
    phutball.joue (coup);
  }
  return 0;
}
```

Chapitre 5

Recherche arborescente Monte-Carlo

5.1 Introduction

Les méthodes de Monte-Carlo consistent à faire un grand nombre de parties aléatoires ou pseudo-aléatoires. Les résultats de ces parties sont ensuite utilisés pour choisir le meilleur coup.

Les méthodes de Monte-Carlo ont récemment connu de nombreux développements en programmation des jeux. Elles constituent la meilleure approche pour de nombreux problèmes pour lesquels l'espace de recherche est grand et qui n'ont pas de fonction d'évaluation naturelle et simple.

Le problème typique pour lequel les méthodes de Monte-Carlo sont adaptées est le jeu de Go : l'espace de recherche est très grand et il n'existe pas de fonction d'évaluation simple, si ce n'est la moyenne de parties aléatoires.

5.2 Le jeu de Go

"Le Go est un sale jeu aléatoire."

Maître Lim.

Le jeu de Go est un jeu chinois très ancien. Il est populaire en Corée, au Japon et en Chine. Les générations successives de joueurs de Go ont accumulé une expérience énorme du jeu tout au long de son histoire. Aujourd'hui on compte des dizaines de millions de joueurs de Go en extrême orient, et des centaines de joueurs professionnels. Le jeu de Go est un jeu à information parfaite et à somme nulle entre deux joueurs : Blanc et Noir. Un damier de Go (Goban) est une grille 19x19, qui est vide au début de la partie et que les joueurs remplissent tour à tour en posant une pierre sur une intersection. Le nombre moyen de coups possibles est de l'ordre de 250, et les parties peuvent facilement durer 200 coups. D'un point de vue programmation, les difficultés viennent à la fois du grand nombre de coups possibles, qui rend une approche combinatoire par force brute de type Alpha-Bêta inadaptée ; elles viennent aussi de la complexité de l'évaluation d'une position et de la définition ambiguë de la fin de la partie (en utilisant des règles non ambiguës, les parties dureraient plus de 350 coups). Les meilleurs joueurs de Go sont 9ème Dan et les débutants sont 20ème kyu. Plus un joueur a un grade élevé en Dan plus il est fort, plus un joueur à un petit nombre de kyus plus il est fort. Un joueur premier kyu qui progresse devient premier Dan.

Un des nombreux intérêts de la programmation du jeu de Go d'un point de vue de l'Intelligence Artificielle [12] est qu'on peut très facilement comparer deux programmes en les faisant jouer l'un contre l'autre. Et les programmeurs de Go ne s'en privent pas. De nombreux tournois de programmes sont régulièrement organisés.

Les méthodes de Monte-Carlo permettent d'écrire un programme de Go avec très peu de connaissances ; de plus l'approche Monte-Carlo réagit bien à l'augmentation de la puissance de calcul, alors que les approches précédentes de la programmation du jeu de Go utilisaient beaucoup de connaissances et ne réagissaient pas bien à l'augmentation de puissance de calcul.

Afin d'écrire un programme de Monte-Carlo Go on doit effectuer des parties aléatoires. La connaissance minimale à avoir pour jouer ces parties est de jouer des coups légaux et ne pas se boucher les yeux. Il est tout à fait remarquable qu'un programme qui dispose de si peu de connaissances du jeu soit capable de mieux jouer que des programmes qui ont de grandes quantités de connaissances.

Exercice : Écrire un classe Go qui permettent de jouer des parties aléatoires de Go.

5.3 Algorithme basique de Monte-Carlo

Maintenant qu'on dispose d'une classe permettant de jouer des parties aléatoires de Go, il devient simple d'écrire un algorithme de Monte-Carlo basique. Cela consiste simplement à faire un certain nombre de parties aléatoires après chaque coup possible, à mémoriser les résultats de ces parties et à faire une moyenne des résultats des parties pour chaque coup possible. Le coup choisi est celui qui a la meilleur moyenne.

Exercice : Écrire un algorithme de Monte-Carlo basique se reposant sur la classe Go.

5.4 UCB

"Lorsque vous avez trouvé un bon coup, cherchez-en un meilleur."

Pedro Damiano.

Plutôt que de faire un nombre égal de simulations pour chaque coup possible, il est plus judicieux d'utiliser les résultats des simulations précédentes pour savoir quels ont été les meilleurs coups jusqu'ici de façon à les essayer plus que les coups qui semblent mauvais. Toutefois si on privilégie toujours le meilleur coup, on peut oublier des coups pour lesquels les premières simulations se sont mal passées mais qui sont tout de même bons et qui révélerait tout leur potentiel si on leur donnait plus de simulations. On est face à un dilemme exploration/exploitation : on veut faire plus de simulations pour les coups qui nous semble les meilleurs de façon à diminuer l'incertitude sur leur qualité, on exploite donc les coups qui nous semblent les meilleurs, mais on veut aussi explorer ceux qui nous semblent moins bons au cas où ils seraient en réalité meilleurs.

Un algorithme qui permet un bon équilibre entre exploration et exploitation est UCB (Upper Confidence Bound). Il consiste à choisir le coup qui maximise la fonction $\mu_i + C \times \sqrt{log(p)/p_i}$ où μ_i est la moyenne des parties commençant par le coup c_i, p est le nombre de parties jouées et p_i est le nombre de parties commençant par le coup c_i. C est une constante qu'il faut régler pour l'adapter au domaine auquel l'algorithme est appliqué. Une constante élevée favorisera l'exploration alors qu'une petit constante favorisera l'exploitation. Pour des résultats compris entre 0 et 1, choisir une constante de l'ordre de 0.3 est un bon compromis dans de nombreux jeux.

Exercice : Écrire un algorithme UCB pour jouer au Go.

5.5 UCT

On cherche maintenant à développer un arbre à partir de la position initiale, dont chaque nouvelle feuille sera évaluée par une partie aléatoire. À chaque nouvelle partie aléatoire, le programme commencera par descendre l'arbre jusqu'à ce qu'il crée une nouvelle feuille. Une fois la partie aléatoire terminée, les valeurs moyennes de tous les noeuds de l'arbre par lesquels la partie aléatoire est passée seront mises à jour avec le résultat de la partie aléatoire.

Pour descendre l'arbre on choisit à chaque niveau le coup à jouer avec la formule UCB, c'est pourquoi l'algorithme s'appelle UCT (UCB applied to Trees).

La figure 5.1 donne les quatre étapes de l'algorithme UCT. La première étape consiste à descendre l'arbre en utilisant la politique UCB. La deuxième étape est d'ajouter une nouvelle feuille en dessous du dernier noeud atteint par la descente de l'arbre. La troisième étape est de jouer une partie aléatoire à partir de la position atteinte à cette nouvelle feuille.

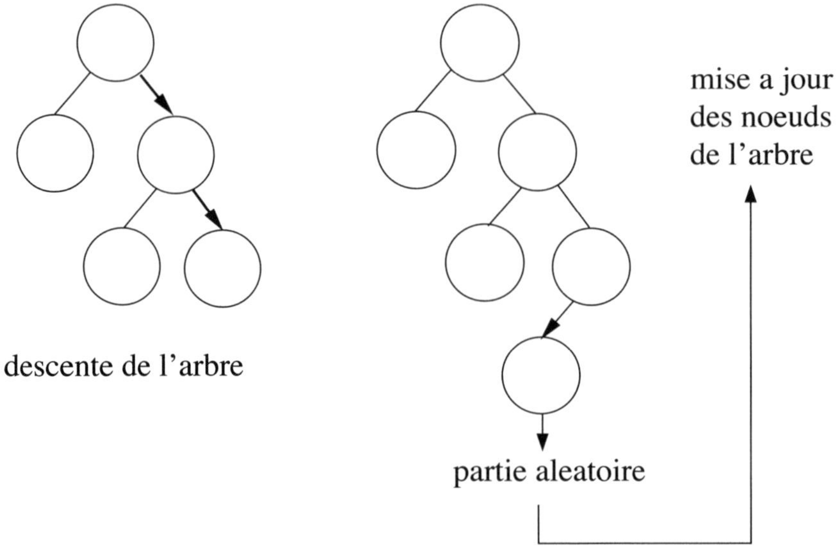

FIGURE 5.1 – Les différentes étapes de l'algorithme UCT.

La quatrième étape est de remonter dans l'arbre le résultat de la partie aléatoire.

L'algorithme 3 donne un implémentation possible d'UCT.

Exercice : Écrire une classe Noeud qui permet de faire des parties aléatoires commençant par un descente de l'arbre UCT. Puis écrire un algorithme qui choisit un coup au Go en utilisant UCT.

5.6 UCT avec transpositions

Au Go, ainsi que dans de nombreux autres jeux, les transpositions sont fréquentes. Il est utile de les détecter pour améliorer le niveau de l'algorithme.

Exercice : Ajouter la reconnaissance des transpositions à l'algorithme UCT.

5.7 RAVE

Il existe une heuristique qui permet de disposer d'une estimation rapide de la valeur des coups lorsque peu de simulations ont été effectuées à un noeud. On effectue pour cela à chaque noeud de nouvelles statistiques sur chaque coup possible. On mettra à jour la valeur moyenne RAVE d'un coup avec le résultat d'une partie aléatoire quand cette

Algorithm 3 UCT

UCT ($partie, joueur$)
if il existe un fils non exploré **then**
  ajouter ce fils
  jouer dans $partie$ le coup qui amène au fils
  jouer une partie aléatoire dans $partie$
  nombre de parties aléatoires du fils $\leftarrow$ 1
  somme des scores du fils $\leftarrow$ score de $partie$
  retourner
end if
$meilleurScore \leftarrow$ -1
$meilleurCoup \leftarrow$ passe
$meilleurFils \leftarrow$ NULL
for chaque fils **do**
  $moyenne \leftarrow$ somme des scores du fils / nombre de parties aléatoires du fils
  $p \leftarrow$ nombre de parties aléatoires du père
  $p_i \leftarrow$ nombre de parties aléatoires du fils
  $score \leftarrow moyenne + Constante \times \sqrt{\frac{\log(p)}{pi}}$
  if $score > meilleurScore$ **then**
    $meilleurScore \leftarrow score$
    $meilleurCoup \leftarrow$ coup qui amène au fils
    $meilleurFils \leftarrow$ fils
  end if
end for
jouer $meilleurCoup$ dans $partie$
meilleurFils->UCT ($partie$, adversaire de $joueur$)
nombre de parties aléatoires du noeud $\leftarrow$ nombre de parties aléatoires du noeud + 1
somme des scores du noeud $\leftarrow$ somme des scores du noeud + score de $partie$

partie aléatoire contient le coup, à n'importe quel moment de la partie. Cette heuristique s'appelle AMAF (All Moves As First).

L'algorithme RAVE (Rapid Action Value Estimation) [36] combine la valeur AMAF d'un coup avec la moyenne des parties commençant par ce coup en utilisant un paramètre β qui décroît progressivement de 1 à 0. Ceci permet de commencer par évaluer un coup avec la valeur AMAF lorsqu'il y a peu de parties aléatoires. En effet la valeur AMAF donne de meilleures estimations que la moyenne lorsque le nombre de parties aléatoires est petit. En revanche, lorsque le nombre de simulations augmente, la moyenne donne alors une meilleur estimation. On passe donc progressivement de la valeur AMAF à la moyenne lorsque le nombre de parties aléatoires augmente. L'intérêt d'un coup est donc estimé avec la formule suivante :

$$\beta \times AMAF + (1.0 - \beta) \times \mu_i$$

β est calculé à partir de s le nombre de parties aléatoires du coup, de sa le nombre de fois que le coup a été pris en compte par l'heuristique AMAF, et d'une constante C_1. La formule pour β est :

$$\beta = \frac{sa}{sa+s+C_1 \times sa \times s}$$

RAVE utilise cette formule à la place de la formule UCB pour choisir le coup à explorer lors de la descente de l'arbre au début de chaque simulation.

5.8 Développements

La recherche arborescente Monte-Carlo connaît de très nombreux développements. Au Go, la formule RAVE a encore été améliorée en initialisation des feuilles avec quelques parties gagnées pour les coups jugés prometteurs. On introduit un troisième terme en plus de RAVE avec un coefficient γ qui diminue très vite avec le nombre de simulations.

Une voie très prometteuse est d'introduire des biais dans les partie aléatoires. Plutôt que d'utiliser des parties complètement aléatoires, il est meilleur de jouer les coups avec des urgences différentes qui dépendent de la configuration locale au coup [44].

Les techniques de Monte-Carlo ont aussi été appliquées avec succès à d'autres jeux. Par exemple au Hex, elles donnent de très bons résultats, l'heuristique RAVE donne des résultats encore meilleurs qu'au Go car tous les coups commutent au Hex ce qui n'est pas le cas du Go.

La recherche arborescente Monte-Carlo peut être appliquée à des jeux pour lesquels on dispose d'une bonne fonction d'évaluation. Le principe est de jouer un petit nombre de coups aléatoires aux feuilles de l'arbre UCT et de remonter l'évaluation de la position après ces quelques coups aléatoires. Cela a donné de très bons résultats à Lines of Action [92] et Amazons [58].

De plus on peut utiliser la recherche arborescente Monte-Carlo en combinaison avec un résolveur de positions (un programme qui calcule la valeur exacte d'une position). Cela a donné de bons résultats à Line of Actions [93] et pour la résolution de Seki au Go [28].

Il existe toutefois des jeux pour lesquels la recherche Monte-Carlo ne donne pas de bons résultats. C'est le cas par exemple pour Dots and Boxes car il arrive souvent que des positions aient un grand nombre de coups possibles et un seul coup gagnant. La recherche Monte-Carlo qui fait la moyenne sur tous les coups des positions suivantes considère la position comme perdue alors qu'il y a un coup gagnant. Dans ce type de positions, l'Alpha-Bêta n'a pas de problème pour trouver le coup gagnant.

De même au Go, les échelles sont des séquences très simples mais très profondes : il n'y a qu'un seul coup à envisager à chaque noeud et on atteint couramment la profondeur 60. La recherche Monte-Carlo qui développe tous les coups possibles d'un noeud avant de développer plus profondément un coup est aussi perdue dans ces situations.

Toujours au Go, il existe des situations tactiques appelées Semeai pour lesquelles la seule issue pour un groupe G_1 est de tuer un groupe G_2, et la seule issue pour le groupe G_2 est de tuer le groupe G_1. Dans les Semeais simples, compter le nombre de libertés des groupes permet de connaître le gagnant du Semeai. Cependant les simulations Monte-Carlo perdent ou gagnent le Semeai dans approximativement 50% des cas si le nombre de libertés des deux groupes est proche alors que le combat devrait toujours être gagné par celui qui a le plus de libertés.

5.9 Corrigés des exercices

5.9.1 Parties aléatoires de Go

La classe pour les parties aléatoires de Go que nous présentons n'est pas une classe optimisée pour jouer très rapidement. Le choix qui a été fait est plutôt d'avoir un code aussi simple que possible au détriment parfois de l'efficacité. Pour le lecteur qui veut aller plus avant dans la programmation du Go, Fuego [35] est un bon exemple de programme de Go de haut niveau, qui est de plus un logiciel libre dont on peut lire de code.

Le code que nous allons utiliser commence par les en-têtes et les déclarations de constantes :

```
#include <stdio.h>
#include <stdlib.h>
#include <math.h>
```

```
#include <iostream>
#include <stack>
#include <list>

using namespace std;

const int Noir = 0;
const int Blanc = 1;
const int Vide = 2;
const int Exterieur = 3;
const int MaxCoups = 300;
const int Taille = 9;
```

On définit ensuite une classe Intersection qui va permettre de représenter simplement les intersections du goban et les coups. On aura souvent besoin de connaître les voisines d'une intersection et parfois besoin des diagonales, on définit donc des fonctions voisine et diagonale qui vont permettre de les parcourir avec une boucle :

```
class Intersection {
 public :
  int _x, _y;

  Intersection (int x = 0, int y = 0) {
    _x = x;
    _y = y;
  }

  Intersection voisine (int indice) {
    if (indice == 0) return Intersection (_x - 1, _y);
    if (indice == 1) return Intersection (_x, _y - 1);
    if (indice == 2) return Intersection (_x + 1, _y);
    if (indice == 3) return Intersection (_x, _y + 1);
  }

  Intersection diagonale (int indice) {
    if (indice == 0) return Intersection (_x - 1, _y - 1);
    if (indice == 1) return Intersection (_x + 1, _y - 1);
    if (indice == 2) return Intersection (_x + 1, _y + 1);
    if (indice == 3) return Intersection (_x - 1, _y + 1);
  }
};
```

La classe suivante dont nous avons besoin est une classe qui permet de savoir si une intersection a déjà été visitée, ceci afin d'éviter les boucles infinies mais aussi afin de ne compter qu'une seul fois chaque liberté. Le principe de cette classe est d'utiliser une initialisation paresseuse. Les intersections qui ont pour valeur le marqueur courant sont comptées comme marquées . Ceci permet d'initialiser très rapidement la marquage puisqu'il suffit d'incrémenter le compteur pour qu'aucune intersection ne soit plus marquée. Le code de la classe qui permet d'initialiser et de mémoriser les intersections marquées est :

```
class Marquage {
  unsigned long long _marqueur;
  unsigned long long _marquee [Taille + 2] [Taille + 2];

 public:

  Marquage () {
    _marqueur = 1;
    for (int i = 0; i < Taille + 2; i++)
      for (int j = 0; j < Taille + 2; j++)
        _marquee [i] [j] = 0;
  }

  void init () {
    _marqueur++;
  }

  bool marquee (int i, int j) {
    return (_marquee [i] [j] == _marqueur);
  }

  void marque (int i, int j) {
    _marquee [i] [j] = _marqueur;
  }

  bool marquee (Intersection inter) {
    return (_marquee [inter._x] [inter._y] == _marqueur);
  }

  void marque (Intersection inter) {
    _marquee [inter._x] [inter._y] = _marqueur;
  }
};

Marquage dejavu, dejavu2;
```


Nous pouvons maintenant attaquer la classe qui représente une partie de Go.

```
unsigned long long HashArray [2] [Taille + 2] [Taille + 2];
unsigned long long HashTurn;

class Go {
 public:
  char goban [Taille + 2] [Taille + 2];
```

```
int nbCoupsJoucs;
Intersection moves [MaxCoups];
unsigned long long hash;
unsigned long long HashHistory [MaxCoups];

float komi, score [2];

Go () {
  komi = 7.5;
  hash = 0;
  nbCoupsJoues = 0;
  for (int i = 1; i <= Taille; i++)
    for (int j = 1; j <= Taille; j++)
      goban [i] [j] = Vide;
  for (int i = 0; i < Taille + 2; i++) {
    goban [0] [i] = Exterieur;
    goban [i] [0] = Exterieur;
    goban [Taille + 1] [i] = Exterieur;
    goban [i] [Taille + 1] = Exterieur;
  }
}

void initHash () {
  for (int c = 0; c < 2; c++)
    for (int i = 1; i <= Taille; i++)
      for (int j = 1; j <= Taille; j++) {
        HashArray [c] [i] [j] = 0;
        for (int b = 0; b < 64; b++)
          if ((rand () / (RAND_MAX + 1.0)) > 0.5)
            HashArray [c] [i] [j] |= (1ULL << b);
      }
  HashTurn = 0;
  for (int j = 0; j < 64; j++)
    if ((rand () / (RAND_MAX + 1.0)) > 0.5)
      HashTurn |= (1ULL << j);
}

bool coupLegal (Intersection inter, int couleur) {
  if ((inter._x == 0) && (inter._y == 0))
    return true;

  if (goban [inter._x] [inter._y] != Vide)
    return false;

  for (int i = 0; i < 4; i++) {
    Intersection voisine = inter.voisine (i);
    if (goban [voisine._x] [voisine._y] == Vide)
```

```
        return true;
    }

    for (int i = 0; i < 4; i++) {
      Intersection voisine = inter.voisine (i);
      if (goban [voisine._x] [voisine._y] == couleur)
        if (minLib (voisine, 2) > 1)
          return true;
    }

    unsigned long long h = hashSiJoue (inter, couleur);
    for (int i = nbCoupsJoues - 1; i >= 0; i--)
      if (HashHistory [i] == h)
        return false;

    return (minLibIfPlay (inter, couleur, 1) > 0);
  }

  unsigned long long hashSiJoue (Intersection inter,
                                  int couleur) {
    unsigned long long h = hash;
    int adversaire = Noir;
    if (couleur == Noir)
      adversaire = Blanc;

    dejavu2.init ();
    dejavu2.marque (inter);
    h ^= HashArray [couleur] [inter._x] [inter._y];
    h ^= HashTurn;
    for (int i = 0; i < 4; i++) {
      Intersection voisine = inter.voisine (i);
      if (!dejavu2.marquee (voisine)) {
        if (goban [voisine._x] [voisine._y] == adversaire)
          if (minLib (voisine, 2) == 1) {
            stack<Intersection> st;
            dejavu2.marque (voisine);
            st.push (voisine);
            while (!st.empty ()) {
              Intersection courante = st.top ();
              st.pop ();
              h ^= HashArray [goban [voisine._x]
                            [voisine._y]] [courante._x]
                            [courante._y];
              for (int j = 0; j < 4; j++) {
                Intersection pierre = courante.voisine (j);
                if (goban [pierre._x] [pierre._y] ==
                    adversaire)
```

```
                if (!dejavu2.marquee (pierre)) {
                  dejavu2.marque (pierre);
                  st.push (pierre);
                }
            }
          }
        }
    }
  }
  return h;
}

int minLib (Intersection inter, int min) {
  stack<Intersection> st;
  int compteur = 0, couleur =
                           goban [inter._x] [inter._y];

  dejavu.init ();
  dejavu.marque (inter);
  st.push (inter);
  while (!st.empty ()) {
    Intersection inter = st.top ();
    st.pop ();
    for (int i = 0; i < 4; i++) {
      Intersection voisine = inter.voisine (i);
      if (!dejavu.marquee (voisine)) {
        dejavu.marque (voisine);
        if (goban [voisine._x] [voisine._y] == Vide) {
          compteur++;
          if (compteur >= min)
            return compteur;
        }
        else if (goban [voisine._x] [voisine._y] ==
                 couleur)
          st.push (voisine);
      }
    }
  }
  return compteur;
}

int minLibIfPlay (Intersection intersection,
                  int couleur, int min) {
  stack<Intersection> st;
  int compteur = 0;

  if (goban [intersection._x] [intersection._y] ==
```

```
      Vide) {
    dejavu2.init ();
    dejavu2.marque (intersection);
    st.push (intersection);
    while (!st.empty ()) {
      Intersection inter = st.top ();
      st.pop ();
      for (int i = 0; i < 4; i++) {
        Intersection voisine = inter.voisine (i);
        if (!dejavu2.marquee (voisine)) {
          dejavu2.marque (voisine);
          if (goban [voisine._x] [voisine._y] ==
              Vide) {
            compteur++;
            if (compteur >= min)
              return compteur;
          }
          if (goban [voisine._x] [voisine._y] == couleur)
            st.push (voisine);
        }
      }
    }
    int adversaire = Noir;
    if (couleur == Noir)
      adversaire = Blanc;
    for (int i = 0; i < 4; i++) {
      Intersection voisine = intersection.voisine (i);
      if (goban [voisine._x] [voisine._y] == adversaire)
        if (minLib (voisine, 2) == 1) {
          compteur++;
          if (compteur >= min)
            return compteur;
        }
    }
  }
  return compteur;
}

void joue (Intersection inter, int couleur) {
  HashHistory [nbCoupsJoues] = hash;
  moves [nbCoupsJoues] = inter;
  hash ^= HashTurn;

  if (inter._x != 0) {
    posePierre (inter, couleur);
    enlevePrisonniers (inter, couleur);
  }
```

```
  nbCoupsJoues++;
}

void posePierre (Intersection inter, int couleur) {
  goban [inter._x] [inter._y] = couleur;
  hash ^= HashArray [couleur] [inter._x] [inter._y];
}

void enlevePrisonniers (Intersection inter,
                        int couleur) {
  stack<Intersection> st;
  int adversaire = Noir;
  if (couleur == Noir)
    adversaire = Blanc;
  for (int i = 0; i < 4; i++) {
    Intersection voisine = inter.voisine (i);
    if ((goban [voisine._x] [voisine._y] == adversaire))
      if (minLib (voisine, 1) == 0)
        st.push (voisine);
  }
  while (!st.empty ()) {
    Intersection voisine = st.top ();
    st.pop ();
    if ((goban [voisine._x] [voisine._y] == adversaire))
      enleveChaine (voisine);
  }
}

void enleveChaine (Intersection intersection) {
  stack<Intersection> st;
  int couleur = goban [intersection._x]
                      [intersection._y];

  st.push (intersection);
  while (!st.empty ()) {
    Intersection inter = st.top ();
    st.pop ();
    hash ^= HashArray [couleur] [inter._x] [inter._y];
    goban [inter._x] [inter._y] = Vide;
    for (int i = 0; i < 4; i++) {
      Intersection voisine = inter.voisine (i);
      if ((goban [voisine._x] [voisine._y] == couleur))
        st.push (voisine);
    }
  }
}
```

```
bool entouree (Intersection intersection, int couleur) {
  if (goban [intersection._x] [intersection._y] != Vide)
    return false;
  for (int i = 0; i < 4; i++) {
    Intersection voisine = intersection.voisine (i);
    if ((goban [voisine._x] [voisine._y] != couleur) &&
        (goban [voisine._x] [voisine._y] != Exterieur))
      return false;
  }
  for (int i = 0; i < 4; i++) {
    Intersection voisine = intersection.voisine (i);
    if ((goban [voisine._x] [voisine._y] == couleur))
      if (minLib (voisine, 2) == 1)
        return false;
  }
  return true;
}

bool protegee (Intersection inter,
               int couleur, bool & bord) {
  if (goban [inter._x] [inter._y] == Exterieur) {
    bord = true;
    return true;
  }
  if (goban [inter._x] [inter._y] == Vide)
    if (entouree (inter, couleur))
      return true;
  if (goban [inter._x] [inter._y] == couleur)
    return true;
  return false;
}

bool oeil (Intersection inter, int couleur) {
  if (!entouree (inter, couleur))
    return false;

  int nbDiagonalesProtegees = 0;
  bool bord = false;
  for (int i = 0; i < 4; i++) {
    Intersection diagonale = inter.diagonale (i);
    if (protegee (diagonale, couleur, bord))
      nbDiagonalesProtegees++;
  }

  if (bord && (nbDiagonalesProtegees == 4))
    return true;
```

```
  if (!bord && (nbDiagonalesProtegees > 2))
    return true;

  return false;
}


/* score à la chinoise : nb de pierres sur le goban */
void calculeScores () {
  score [Noir] = 0;
  score [Blanc] = komi;

  for (int i = 1; i <= Taille; i++)
    for (int j = 1; j <= Taille; j++)
      if (goban [i] [j] == Vide) {
        Intersection inter (i, j);
        if (entouree (inter, Noir))
          score [Noir] += 1.0;
        else if (entouree (inter, Blanc))
          score [Blanc] += 1.0;
      }
      else
        score [goban [i] [j]] += 1.0;

  if (true) {
    if (score [Blanc] > score [Noir]) {
      score [Blanc] = 1.0;
      score [Noir] = 0.0;
    }
    else {
      score [Blanc] = 0.0;
      score [Noir] = 1.0;
    }
  }
}

bool gameOver () {
  int last = nbCoupsJoues - 1, nbPass = 0;
  while ((last > 0) && (moves [last]._x == 0)) {
    last --;
    nbPass++;
  }
  if (nbPass >= 2)
    return true;
  return false;
}
```

```
Intersection choisirUnCoup (int couleur) {
  int urgence [Taille + 2] [Taille + 2], nbUrgences = 0;
  Intersection inter;

  for (int i = 1; i <= Taille; i++)
    for (int j = 1; j <= Taille; j++)
      if (goban [i] [j] == Vide) {
        urgence [i] [j] = 1;
        nbUrgences++;
      }
      else
        urgence [i] [j] = 0;

  do {
    if (nbUrgences <= 0)
      return Intersection (0, 0);
    int index = (int) (nbUrgences *
                       (rand () / (RAND_MAX + 1.0)));
    int somme = 0;
    for (int i = 1; ((i <= Taille) && (somme <= index));
         i++)
      for (int j = 1; ((j <= Taille) &&
                       (somme <= index)); j++)
        if (urgence [i] [j] > 0) {
          somme += urgence [i] [j];
          if (somme > index) {
            inter = Intersection (i, j);
          }
        }

    nbUrgences -= urgence [inter._x] [inter._y];
    urgence [inter._x] [inter._y] = 0;
  }
  while (entouree (inter, couleur) ||
         !coupLegal (inter, couleur));

  return inter;
}

void playout (int couleur) {
  for (;;) {
    if ((nbCoupsJoues >= MaxCoups) ||
        gameOver ())
      break;

    Intersection inter = choisirUnCoup (couleur);
```

```
        joue (inter, couleur);
        if (couleur == Noir)
          couleur = Blanc;
        else
          couleur = Noir;
      }
      calculeScores ();
    }
};
```

5.9.2 Monte-Carlo basique

```
Go go;

Intersection meilleurCoupSampling (int couleur) {
  float meilleurScore = 0;
  Intersection meilleur (0, 0);
  for (int i = 1; i <= Taille; i++)
    for (int j = 1; j <= Taille; j++) {
      Intersection inter (i, j);
      float somme = 0;
      if (go.coupLegal (inter, couleur) &&
          !go.oeil (inter, couleur)) {
        for (int k = 0; k < 100; k++) {
          Go tmpgo = go;
          tmpgo.joue (inter, couleur);
          if (couleur == Noir)
            tmpgo.playout (Blanc);
          else
            tmpgo.playout (Noir);
          somme += tmpgo.score [couleur];
        }
      }
      if (somme > meilleurScore) {
        meilleurScore = somme;
        meilleur = inter;
      }
    }
  return meilleur;
}

void interface () {
  while (true) {
    Intersection inter = meilleurCoupSampling (Noir);
    cout << "meilleur␣coup␣en␣" << inter._x << "," <<
            inter._y << endl;
```

```
    go.joue (inter, Noir);
    for (int i = 0; i < Taille + 2; i++) {
      for (int j = 0; j < Taille + 2; j++)
        if (go.goban [j] [i] == Exterieur) cout << " -";
        else if (go.goban [j] [i] == Vide) cout << " +";
        else if (go.goban [j] [i] == Noir) cout << " @";
        else cout << " O";
      cout << endl;
    }
    do {
      cout << "Votre coup : ";
      cin >> inter._x >> inter._y;
    } while (!go.coupLegal (inter, Blanc));
    go.joue (inter, Blanc);
  }
}

int main () {
  go.initHash ();
  interface ();
}
```

5.9.3 UCB

```
Intersection meilleurCoupUCB (int couleur) {
  float sommeScore [Taille + 2] [Taille + 2];
  int nbPlayoutsCoup [Taille + 2] [Taille + 2];
  for (int i = 0; i <= Taille; i++)
    for (int j = 0; j <= Taille; j++) {
      sommeScore [i] [j] = 0;
      nbPlayoutsCoup [i] [j] = 0;
    }

  Intersection meilleurUCB (0, 0);
  for (int p = 0; p < nbPlayouts; p++) {
    float meilleurScore = 0;
    for (int i = 1; i <= Taille; i++)
      for (int j = 1; j <= Taille; j++) {
        Intersection inter (i, j);
        float score = 0;
        if (go.coupLegal (inter, couleur) &&
            !go.oeil (inter, couleur)) {
          if (nbPlayoutsCoup [i] [j] == 0)
            score = 1000;
          else
            score =
              sommeScore [i] [j] / nbPlayoutsCoup [i] [j] +
```

```
            Constante * sqrt (log (p) /
                              nbPlayoutsCoup [i] [j]);
      }
      if (score > meilleurScore) {
        meilleurScore = score;
        meilleurUCB = inter;
      }
    }

  Go tmpgo = go;
  tmpgo.joue (meilleurUCB, couleur);
  if (couleur == Noir)
    tmpgo.playout (Blanc);
  else
    tmpgo.playout (Noir);
  sommeScore [meilleurUCB._x] [meilleurUCB._y] +=
                                  tmpgo.score [couleur];
  nbPlayoutsCoup [meilleurUCB._x] [meilleurUCB._y]++;
}

for (int i = 0; i < Taille + 2; i++) {
  for (int j = 0; j < Taille + 2; j++)
    if (go.goban [j] [i] == Exterieur) cout << " -";
    else if (go.goban [j] [i] == Noir) cout << " @";
    else if (go.goban [j] [i] == Noir) cout << " O";
    else cout << " " << nbPlayoutsCoup [j] [i];
  cout << endl;
}

float meilleurScore = 0;
Intersection meilleur (0, 0);
for (int i = 0; i <= Taille; i++)
  for (int j = 0; j <= Taille; j++) {
    Intersection inter (i, j);
    if (go.coupLegal (inter, couleur) &&
        !go.oeil (inter, couleur))
      if (nbPlayoutsCoup [i] [j] > meilleurScore) {
        meilleurScore = nbPlayoutsCoup [i] [j];
        meilleur = inter;
      }
  }
return meilleur;
}
```

5.9.4 UCT

```
Go go;

int nbPlayouts = 5000;

class Noeud {
 public:
  float sommeScore [Taille + 2] [Taille + 2];
  int nbPlayoutsCoup [Taille + 2] [Taille + 2];
  unsigned long long hash;
  int abscisse, ordonnee;
  Noeud * fils [Taille + 2] [Taille + 2];

  void init () {
    abscisse = 0;
    ordonnee = 0;
    for (int i = 0; i <= Taille; i++)
      for (int j = 0; j <= Taille; j++) {
        sommeScore [i] [j] = 0;
        nbPlayoutsCoup [i] [j] = 0;
        fils [i] [j] = NULL;
      }
  }

  float moyenne (int i, int j) {
    if (nbPlayoutsCoup [i] [j] == 0)
      return 0.0;
    return sommeScore [i] [j] / nbPlayoutsCoup [i] [j];
  }

  int nbPlayouts () {
    int nb = 0;
    for (int i = 0; i <= Taille; i++)
      for (int j = 0; j <= Taille; j++)
        nb += nbPlayoutsCoup [i] [j];
    return nb;
  }

  void descente (Go & goban, int couleur);
};


const int MaxNoeud = 100000;

int nbNoeuds = MaxNoeud;
Noeud pileNoeud [MaxNoeud];
```

```
Noeud racine;

void Noeud::descente (Go & goban, int couleur) {
  int autre = Noir;
  if (couleur == Noir)
    autre = Blanc;

  if ((goban.nbCoupsJoues >= MaxCoups) ||
      goban.gameOver ()) {
    goban.calculeScores ();
    return;
  }

  while (ordonnee != Taille + 1) {
    Intersection inter (abscisse, ordonnee);
    abscisse++;
    if (abscisse == Taille + 1) {
      abscisse = 1;
      ordonnee++;
    }
    if (goban.coupLegal (inter, couleur) &&
        !goban.oeil (inter, couleur)) {
      goban.joue (inter, couleur);
      nbNoeuds--;
      Noeud *n = &pileNoeud [nbNoeuds];
      n->init ();
      n->hash = goban.hash;
      fils [inter._x] [inter._y] = n;
      goban.playout (autre);
      sommeScore [inter._x] [inter._y] =
                                 goban.score [couleur];
      nbPlayoutsCoup [inter._x] [inter._y] = 1;
      return;
    }
  }

  float meilleurScore = -1.0;
  Intersection meilleur (0, 0);
  for (int i = 1; i <= Taille; i++)
    for (int j = 1; j <= Taille; j++) {
      Intersection inter (i, j);
      if (goban.coupLegal (inter, couleur) &&
          (fils [i] [j] != NULL)) {
        float moy = moyenne (i, j);
        int playoutsFils = nbPlayoutsCoup [i] [j];
        int playoutsPere = nbPlayouts ();
        float score = moy +
```

```
          Constante * sqrt (log (playoutsPere) /
                               playoutsFils);
        if (score > meilleurScore) {
          meilleurScore = score;
          meilleur = inter;
        }
      }
    }
  goban.joue (meilleur, couleur);
  fils [meilleur._x] [meilleur._y]->descente (goban,
                                         autre);
  sommeScore [meilleur._x] [meilleur._y] +=
                                 goban.score [couleur];
  nbPlayoutsCoup [meilleur._x] [meilleur._y]++;
}

Intersection meilleurCoupUCT (int couleur) {
  racine.init ();
  nbNoeuds = MaxNoeud;
  for (int p = 0; p < nbPlayouts; p++) {
    Go tmpgo = go;
    racine.descente (tmpgo, couleur);
  }
  int meilleurScore = -1;
  Intersection meilleur (0, 0);
  for (int i = 0; i <= Taille; i++)
    for (int j = 0; j <= Taille; j++) {
      Intersection inter (i, j);
      if (go.coupLegal (inter, couleur) &&
          !go.oeil (inter, couleur)) {
        if (racine.nbPlayoutsCoup [i] [j] >
            meilleurScore) {
          meilleurScore = racine.nbPlayoutsCoup [i] [j];
          meilleur = inter;
        }
      }
    }
  return meilleur;
}
```

5.9.5 UCT avec transpositions

```
class Noeud {
 public:
  float sommeScore [Taille + 2] [Taille + 2];
  int nbPlayoutsCoup [Taille + 2] [Taille + 2];
  unsigned long long hash;
```

```
int abscisse, ordonnee;
Noeud * fils [Taille + 2] [Taille + 2];

void init () {
  abscisse = 0;
  ordonnee = 0;
  for (int i = 0; i <= Taille; i++)
    for (int j = 0; j <= Taille; j++) {
      sommeScore [i] [j] = 0;
      nbPlayoutsCoup [i] [j] = 0;
      fils [i] [j] = NULL;
    }
}

float moyenne (int profondeur) {
  int nb = 0;
  float somme = 0.0;
  for (int i = 0; i <= Taille; i++)
    for (int j = 0; j <= Taille; j++)
      if (profondeur == 0) {
        nb += nbPlayoutsCoup [i] [j];
        somme += sommeScore [i] [j];
      }
      else {
        if (fils [i] [j] != NULL) {
          int nbPlayoutFils =
              fils [i] [j]->nbPlayouts (profondeur - 1);
          nb += nbPlayoutFils;
          somme += nbPlayoutFils * (1.0 -
                fils [i] [j]->moyenne (profondeur - 1));
        }
      }
  if (nb == 0)
    return 0.0;
  return somme / nb;
}

float moyenne (int i, int j, int profondeur) {
  if (profondeur == 0) {
    if (nbPlayoutsCoup [i] [j] == 0)
      return 0.0;
    return sommeScore [i] [j] / nbPlayoutsCoup [i] [j];
  }
  else if (fils [i] [j] != NULL)
    return 1.0 - fils [i] [j]->moyenne (profondeur - 1);
  else {
    if (nbPlayoutsCoup [i] [j] == 0)
```

```
        return 0.0;
      return sommeScore [i] [j] / nbPlayoutsCoup [i] [j];
    }
  }

  int nbPlayouts (int profondeur) {
    int nb = 0;
    for (int i = 0; i <= Taille; i++)
      for (int j = 0; j <= Taille; j++)
        if (profondeur == 0)
          nb += nbPlayoutsCoup [i] [j];
        else if (fils [i] [j] != NULL) {
          nb += fils [i] [j]->nbPlayouts (profondeur - 1);
        }
    return nb;
  }

  int nbPlayoutsFils (int i, int j, int profondeur) {
    if (profondeur == 0)
      return nbPlayoutsCoup [i] [j];
    else if (fils [i] [j] != NULL)
      return fils [i] [j]->nbPlayouts (profondeur - 1);
    else
      return nbPlayoutsCoup [i] [j];
  }

  void descente (Go & goban, int couleur);
};

const int TailleTable = 65535;

class Table {
 public:
  list<Noeud *> table [TailleTable + 1];

  Noeud * present (unsigned long long hash) {
    for (list<Noeud *>::iterator iter =
           table [hash & TailleTable].begin ();
           iter != table [hash & TailleTable].end (); iter++)
      if ((*iter)->hash == hash)
        return *iter;
    return NULL;
  }

  void ajoute (Noeud *n) {
    table [n->hash & TailleTable].push_back (n);
  }
```

```
  void clear () {
    for (int i = 0; i < TailleTable + 1; i++)
      table [i].clear ();
  }
};

Table table;

const int MaxNoeud = 100000;

int nbNoeuds = MaxNoeud;
Noeud pileNoeud [MaxNoeud];
Noeud racine;

int nmoy = 0, npere = 0, nfils = 0;
bool pasDeTranspo = false;

void Noeud::descente (Go & goban, int couleur) {
  int autre = Noir;
  if (couleur == Noir)
    autre = Blanc;

  if ((goban.nbCoupsJoues >= MaxCoups) ||
      goban.gameOver ()) {
    goban.calculeScores ();
    return;
  }

  while (ordonnee != Taille + 1) {
    Intersection inter (abscisse, ordonnee);
    abscisse++;
    if (abscisse == Taille + 1) {
      abscisse = 1;
      ordonnee++;
    }
    if (goban.coupLegal (inter, couleur) &&
        !goban.oeil (inter, couleur)) {
      goban.joue (inter, couleur);
      Noeud *n = table.present (goban.hash);
      if (pasDeTranspo)
        n = NULL;
      if (n == NULL) {
        nbNoeuds--;
        n = &pileNoeud [nbNoeuds];
        n->init ();
        n->hash = goban.hash;
```

```
        table.ajoute (n);
        fils [inter._x] [inter._y] = n;
        goban.playout (autre);
        sommeScore [inter._x] [inter._y] =
                                    goban.score [couleur];
        nbPlayoutsCoup [inter._x] [inter._y] = 1;
        return;
      }
      fils [inter._x] [inter._y] = n;
      n->descente (goban, autre);
      sommeScore [inter._x] [inter._y] =
                                    goban.score [couleur];
      nbPlayoutsCoup [inter._x] [inter._y] = 1;
      return;
    }
  }

  float meilleurScore = -1.0;
  Intersection meilleur (0, 0);
  for (int i = 1; i <= Taille; i++)
    for (int j = 1; j <= Taille; j++) {
      Intersection inter (i, j);
      if (goban.coupLegal (inter, couleur) &&
          (fils [i] [j] != NULL)) {
        float moy = moyenne (i, j, nmoy);
        int playoutsFils = nbPlayoutsFils (i, j, nfils);
        int playoutsPere = nbPlayouts (npere);
        float score = moy +
          Constante * sqrt (log (playoutsPere) /
                            playoutsFils);
        if (score > meilleurScore) {
          meilleurScore = score;
          meilleur = inter;
        }
      }
    }
  goban.joue (meilleur, couleur);
  fils [meilleur._x] [meilleur._y]->descente (goban,
                                              autre);
  sommeScore [meilleur._x] [meilleur._y] +=
                                    goban.score [couleur];
  nbPlayoutsCoup [meilleur._x] [meilleur._y]++;
}
```

5.9.6 RAVE

```
class NoeudRave {
 public:
  float sommeScore [Taille + 2] [Taille + 2];
  int nbPlayoutsCoup [Taille + 2] [Taille + 2];
  unsigned long long hash;
  int abscisse, ordonnee;
  NoeudRave * fils [Taille + 2] [Taille + 2];

  float sommeScoreAMAF [Taille + 2] [Taille + 2];
  int nbPlayoutsCoupAMAF [Taille + 2] [Taille + 2];

  void init () {
    abscisse = 0;
    ordonnee = 0;
    for (int i = 0; i <= Taille; i++)
      for (int j = 0; j <= Taille; j++) {
        sommeScore [i] [j] = 0;
        nbPlayoutsCoup [i] [j] = 0;
        fils [i] [j] = NULL;
        sommeScoreAMAF [i] [j] = 0;
        nbPlayoutsCoupAMAF [i] [j] = 0;
      }
  }

  float moyenne (int profondeur) {
    int nb = 0;
    float somme = 0.0;
    for (int i = 0; i <= Taille; i++)
      for (int j = 0; j <= Taille; j++)
        if (profondeur == 0) {
          nb += nbPlayoutsCoup [i] [j];
          somme += sommeScore [i] [j];
        }
        else {
          if (fils [i] [j] != NULL) {
            int nbPlayoutFils =
              fils [i] [j]->nbPlayouts (profondeur - 1);
            nb += nbPlayoutFils;
            somme += nbPlayoutFils *
              (1.0 -
               fils [i] [j]->moyenne (profondeur - 1));
          }
        }
    if (nb == 0)
      return 0.0;
```

```
  return somme / nb;
}

float moyenne (int i, int j, int profondeur) {
  if (profondeur == 0) {
    return (sommeScore [i] [j] + 1) /
      (nbPlayoutsCoup [i] [j] + 2);
  }
  else if (fils [i] [j] != NULL)
    return 1.0 - fils [i] [j]->moyenne (profondeur - 1);
  else {
    if (nbPlayoutsCoup [i] [j] == 0)
      return 0.0;
    return sommeScore [i] [j] / nbPlayoutsCoup [i] [j];
  }
}

int nbPlayouts (int profondeur) {
  int nb = 0;
  for (int i = 0; i <= Taille; i++)
    for (int j = 0; j <= Taille; j++)
      if (profondeur == 0)
        nb += nbPlayoutsCoup [i] [j];
      else if (fils [i] [j] != NULL) {
        nb += fils [i] [j]->nbPlayouts (profondeur - 1);
      }
  return nb;
}

int nbPlayoutsFils (int i, int j, int profondeur) {
  if (profondeur == 0)
    return  nbPlayoutsCoup [i] [j];
  else if (fils [i] [j] != NULL)
    return fils [i] [j]->nbPlayouts (profondeur - 1);
  else
    return  nbPlayoutsCoup [i] [j];
}

void modifieAMAF (int nbCoups, Go & goban,
                  int couleur) {
  dejavu.init ();
  for (int i = nbCoups; i < goban.nbCoupsJoues; i ++) {
    Intersection inter = goban.moves [i];
    if (inter._x != 0) {
      if (!dejavu.marquee (inter)) {
        dejavu.marque (inter);
        if (((i - nbCoups) & 1) == 0) {
```

```
          sommeScoreAMAF [inter._x] [inter._y] +=
            goban.score [couleur];
          nbPlayoutsCoupAMAF [inter._x] [inter._y]++;
        }
      }
    }
  }
}

void descente (Go & goban, int couleur);
};

class TableRave {
 public:
  list <NoeudRave *> table [TailleTable + 1];

  NoeudRave * present (unsigned long long hash) {
    for (list <NoeudRave *>::iterator iter =
           table [hash & TailleTable].begin ();
         iter != table [hash & TailleTable].end ();
         iter++)
      if ((*iter)->hash == hash)
        return *iter;
    return NULL;
  }

  void ajoute (NoeudRave *n) {
    table [n->hash & TailleTable].push_back (n);
  }

  void clear () {
    for (int i = 0; i < TailleTable + 1; i++)
      table [i].clear ();
  }
};

TableRave tableRave;

const int MaxNoeudRave = 100000;

int nbNoeudsRave = MaxNoeudRave;
NoeudRave pileNoeudRave [MaxNoeudRave];
NoeudRave racineRave;

void NoeudRave::descente (Go & goban, int couleur) {
  int autre = Noir;
  if (couleur == Noir)
```

```
    autre = Blanc;

  if ((goban.nbCoupsJoues >= MaxCoups) ||
      goban.gameOver ()) {
    goban.calculeScores ();
    return;
  }
  int nbCoups = goban.nbCoupsJoues;

  float meilleurScore = -1.0;
  Intersection meilleur (0, 0);
  for (int i = 1; i <= Taille; i++)
    for (int j = 1; j <= Taille; j++) {
      Intersection inter (i, j);
      if (goban.coupLegal (inter, couleur) &&
          !goban.oeil (inter, couleur)) {
        float moy = moyenne (i, j, nmoy);
        int playoutsFils = nbPlayoutsFils (i, j, nfils);
        float moyenneAMAF = (sommeScoreAMAF [i] [j] + 1) /
          (nbPlayoutsCoupAMAF [i] [j] + 2);
        float beta = (nbPlayoutsCoupAMAF [i] [j] /
                      (1 + nbPlayoutsCoupAMAF [i] [j] +
                       playoutsFils + ConstanteRave *
                       nbPlayoutsCoupAMAF [i] [j] *
                       playoutsFils));
        float score = (1.0 - beta) * moy +
          beta * moyenneAMAF;
        if (score > meilleurScore) {
          meilleurScore = score;
          meilleur = inter;
        }
      }
    }
  goban.joue (meilleur, couleur);
  if (fils [meilleur._x] [meilleur._y] != NULL)
    fils [meilleur._x]
         [meilleur._y]->descente (goban, autre);
  else {
    NoeudRave *n = tableRave.present (goban.hash);
    if (pasDeTranspo)
      n = NULL;
    if (n == NULL) {
      nbNoeudsRave--;
      n = &pileNoeudRave [nbNoeudsRave];
      n->init ();
      n->hash = goban.hash;
      tableRave.ajoute (n);
```

```
        fils [meilleur._x] [meilleur._y] = n;
        goban.playout (autre);
      }
      else {
        fils [meilleur._x] [meilleur._y] = n;
        n->descente (goban, autre);
      }
    }
    sommeScore [meilleur._x] [meilleur._y] +=
      goban.score [couleur];
    nbPlayoutsCoup [meilleur._x] [meilleur._y]++;
    modifieAMAF (nbCoups, goban, couleur);
}

Intersection meilleurCoupRave (int couleur) {
  racineRave.init ();
  nbNoeudsRave = MaxNoeudRave;
  tableRave.clear ();
  for (int p = 0; p < nbPlayouts; p++) {
    Go tmpgo = go;
    racineRave.descente (tmpgo, couleur);
  }
  int meilleurScore = -1;
  Intersection meilleur (0, 0);
  for (int i = 0; i <= Taille; i++)
    for (int j = 0; j <= Taille; j++) {
      Intersection inter (i, j);
      if (go.coupLegal (inter, couleur) &&
          !go.oeil (inter, couleur)) {
        if (racineRave.nbPlayoutsCoup [i] [j] >
            meilleurScore) {
          meilleurScore =
            racineRave.nbPlayoutsCoup [i] [j];
          meilleur = inter;
        }
      }
    }
  return meilleur;
}
```

Chapitre 6

Recherche en meilleur d'abord pour les jeux à deux joueurs

Proof Number search [4], Conspiracy Number search [59, 77] et B* [7, 9] sont des algorithmes de recherche en meilleur d'abord. Ils ont été utilisés pour résoudre certains jeux comme Puissance 4 [2], Go-Moku [3] ou plus récemment Fanorona [74].

Le principe des algorithmes de recherche en meilleur d'abord est de garder l'arbre en mémoire et de l'analyser afin de choisir la feuille la plus intéressante à développer.

6.1 L'algorithme Proof Number Search

Proof Number Search (PN-search) permet de prouver qu'un jeu ou qu'une position est gagnée pour un joueur. Le résultat de l'algorithme est binaire ; il renvoie 1 s'il réussit à prouver le gain et 0 sinon.

PN-search marche particulièrement bien sur les arbres ET/OU quand le nombre de coups légaux varie beaucoup et qu'on peut élaguer de grandes parties de l'arbre.

A chaque coup, PN-search cherche à calculer le coût de prouver la valeur de la racine. Pour cela il calcule le coût de prouver la valeur 1 à chaque noeud de l'arbre ainsi que le coût de le prouver la valeur 0.

Chaque noeud comporte un Proof Number (PN) qui estime le coût de prouver 1 et un Disproof Number (DN) qui estime le coût de prouver 0. Une feuille est terminale si elle correspond à une position gagnée ou perdue. Une feuille non terminale a un PN de 1 et un DN de 1. Une feuille gagnée a un PN de 0 et un DN infini alors qu'une feuille perdue a un PN infini et un DN de 0.

PN-search choisit de développer la branche qui a le moindre coût.

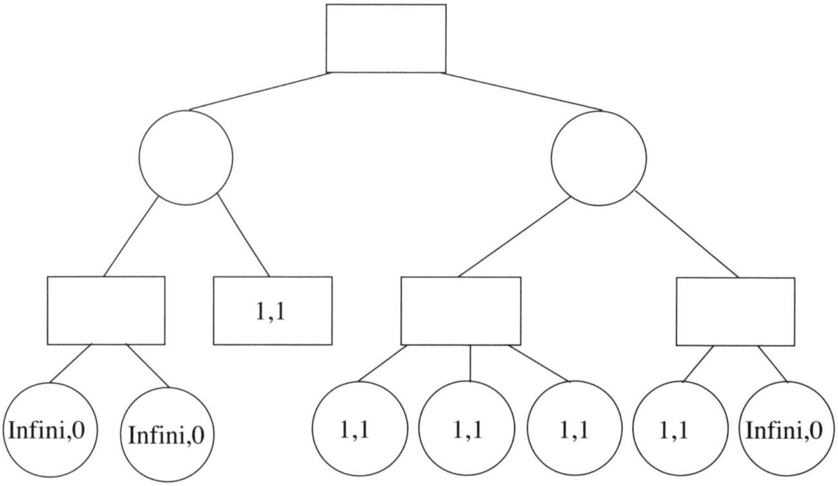

FIGURE 6.1 – Quelle feuille développer ?

Quelle est la feuille la plus intéressante à développer pour prouver la valeur 1 à la racine de l'arbre de la figure 6.1 ?

Aux noeuds OU, pour prouver le noeud, il suffit qu'un seul des fils ait la valeur 1. Le nombre minimum de coups pour prouver le noeud OU est donc le minimum sur tous les fils du nombre de coups qu'il faut pour prouver chacun des fils.

En revanche, pour prouver la valeur 0 à un noeud OU, il faut que tous les fils aient la valeur 0. Le nombre minimum de coups pour prouver la valeur 0 à un noeud OU (soit le disproof number associé au noeud OU) est donc la somme des disproof numbers des fils.

De manière symétrique, aux noeuds ET, le proof number sera la somme des proof numbers des fils (il faut que tous les fils soient à 1 pour que le noeud ET soit à 1), et le disproof number sera le minimum des disproof numbers des fils (il suffit qu'un seul des fils soit à 0 pour que le noeud ET soit à 0).

La remontée des valeurs de l'arbre de la figure 6.1 est donnée dans la figure 6.2.

Aux noeuds OU, on va choisir de développer le fils qui va permettre de prouver la valeur du noeud OU le plus rapidement possible. On choisira donc le fils qui a le proof number minimal. Or par construction, le proof number minimal des fils d'un noeud OU est égal au proof number du noeud OU. On prendra donc le fils le plus à gauche qui a un proof number égal à celui du noeud OU.

Aux noeuds ET, si on veut prouver le noeud ET, il faudra de toutes façons prouver tous ses fils. En revanche, si on veut prouver la valeur 0, il suffira de prouver la valeur 0 pour un seul de ses fils. Le choix qui minimise la taille des arborescences est donc de

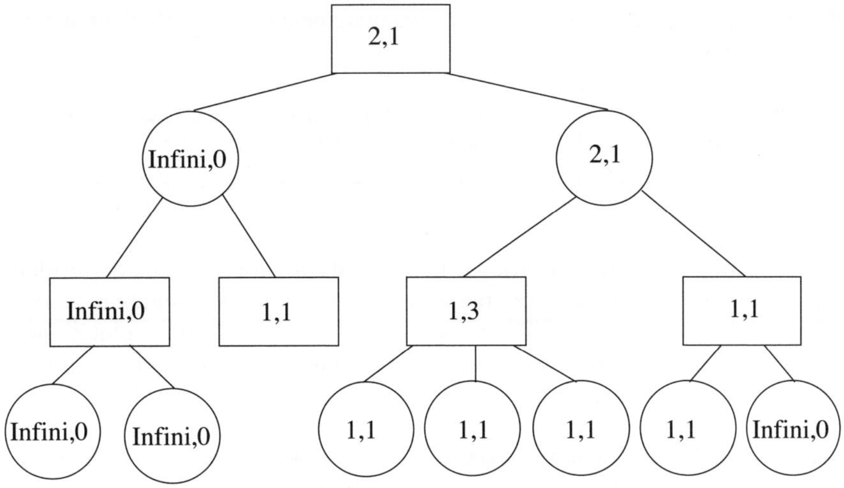

FIGURE 6.2 – Remontée des valeurs

choisir le fils pour lequel on pourra prouver la valeur 0 le plus facilement. C'est à dire le fils qui a le disproof number minimal.

Lorsqu'on développe une feuille qui correspond à un état gagné on initialise son proof number à 0 et son disprof number à l'infini. De manière symétrique, lorsqu'on arrive à une feuille qui correspond à un état perdu, on initialise son proof number à l'infini et son disproof number à 0.

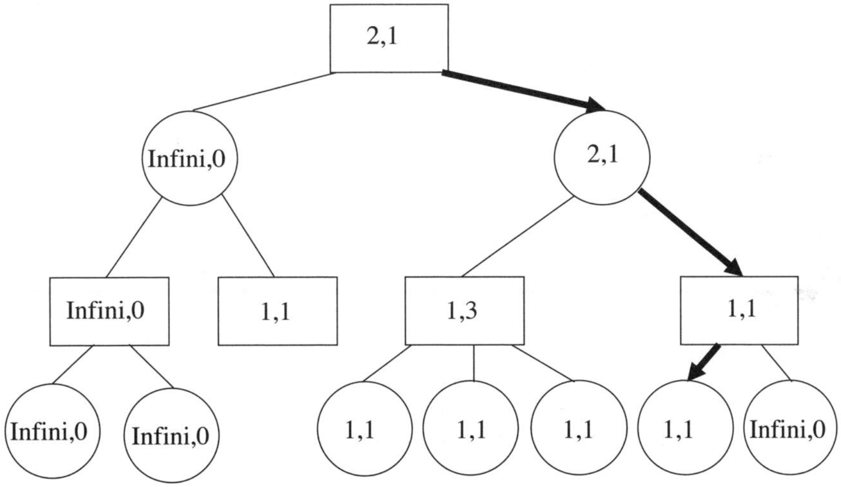

FIGURE 6.3 – Descente vers la meilleure feuille à développer à partir de la racine

Plutôt que de recalculer à chaque développement de feuille toutes les valeurs de l'arborescence, on peut évaluer les noeuds incrémentalement en ne recalculant que ceux par lesquels on est passé.

On peut améliorer les performances de PN-search en utilisant le nombre de coups possibles pour initialiser les DN aux noeuds OU et pour initialiser les PN aux noeuds ET, on peut aussi utiliser une fonction qui évalue la difficulté de prouver une feuille pour initialiser les PN et les DN.

De plus lorsqu'on cherche à prouver la valeur d'un jeu qui a plus de résultats possibles que gagné ou perdu, par exemple à Fanorona qui a des résultats nuls, on utilise une recherche dichotomique avec des tests sur les bornes des résultats plutôt que sur les résultats : par exemple on commence par une recherche qui cherche à prouver le gain, et si elle échoue on fait une autre recherche pour décider entre la perte et la nulle.

Exercice : Écrire un classe Connect qui joue au jeu d'aligner 3 pions sur un goban 11x11. Écrire ensuite un programme qui résout ce jeu avec l'algorithme proof number search.

6.2 L'algorithme PN^2

L'alghorithme PN^2 [13] est une extension de PN-search qui repousse ses limites de mémoire. Il permet de résoudre des problèmes plus complexes au prix d'une recherche plus longue. Il réduit la mémoire nécessaire à une recherche PN en l'échangeant contre du temps de calcul. Au lieu d'évaluer directement les feuilles de l'arbre développé par PN-search, PN^2 effectue une deuxième recherche PN pour les feuilles de l'arbre. Les PN et les DN des feuilles de la recherche principale sont initialisés avec les PN et les DN de la racine de la recherche secondaire. Cette astuce permet d'explorer des arbres beaucoup plus grands qu'avec PN-search à taille mémoire constante, et moyennant une perte de temps. Cependant, la limitation principale de PN-search est la capacité mémoire. L'algorithme PN^2 permet donc de résoudre des problèmes plus complexes que PN.

Exercice : Écrire un programme qui utilise PN^2 pour résoudre le jeu d'aligner quatre pions sur un damier 15x15.

6.3 L'algorithme PN*

PN* [81] est un algorithme PN en profondeur d'abord, ce qui permet de résoudre les problèmes de mémoire. De la même manière que MTD(f) qui est une version en profondeur d'abord de SSS* et que IDA* qui est une version en profondeur d'abord de A*, PN* est un algorithme plus simple à programmer et plus efficace que PN-search.

L'idée de PN* est d'utiliser un seuil sur le nombre de feuilles restant à prouver. Si le nombre de feuilles dépasse ce seuil il suffit alors de couper la branche correspondante.

6.4 Df-pn

Df-pn (Depth first proof number) [64] est une amélioration de PN* qui fait une recherche en profondeur d'abord en utilisant des seuils aussi bien pour les PN que pour les DN. Il utilise moins de mémoire que PN-search. À chaque noeud on a deux variables :

– n.phi = PN(n) si n est un noeud OU, DN(n) si n est un noeud ET
– n.delta = DN(n) si n est un noeud OU, PN(n) si n est un noeud ET

Les seuils utilisés par Df-pn sont propres aux noeuds comme dans la recherche récursive en meilleur d'abord [55]. La fonction récursive MID [64, 49] explore ses fils tant que les PN et DN ne dépassent pas leurs seuils et tant que le noeud n'est pas prouvé. Comme les mêmes noeuds sont redéveloppés de nombreuses fois, la table de transposition est très importante pour Df-pn. Elle stocke les PN et les DN du noeud en plus des informations classiques, lorsqu'une position n'est pas dans la table son PN et son DN sont intialisés à 1.

```
int dfpn (node root) {
  root.phi = Infinite;
  root.delta = Infinite;
  MID (root);
  if (root.delta == Infinite)
    return 1;
  else
    return 0;
}

void MID (node n) {
  TT.look (n, phi, delta);
  if (n.phi < phi || n.delta < delta) {
    // seuil dépassé
    n.phi = phi;
    n.delta = delta;
    return;
  }
  if (fin (n)) {
    if (gagne (n)) {
      n.phi = 0;
      n.delta = Inifinite;
      return;
    }
    else {
      n.phi = Infinite;
      n.delta = 0;
      return;
    }
  }
```

```
  findLegalMoves (n, moves);
  // memorise les phi et delta pour eviter les repetitions
  TT.add (n, n.phi, n.delta);
  // approfondissement iteratif
  while (n.phi > deltaMin (n) &&
         n.delta > phiSum (n)) {
    nc = selectChild (n, phic, deltac, delta2);
    nc.phi = n.delta + phic - phiSum (n);
    nc.delta = min (n.phi, delta2 + 1);
    MID (nc);
  }
  n.phi = deltaMin (n);
  n.delta = phiSum (n);
  TT.add (n, n.phi, n.delta);
}

// trouve le fils le plus prometteur
node selectChild (node n, int & phic, int & deltac,
                  int & delta2) {
  node nbest;
  deltac = Infinite;
  phic = Infinite;
  pour chaque fils {
    TT.look (fils, phi, delta);
    // memorise le plus petit delta
    // et le deuxième plus petit delta
    if (delta < deltac) {
      nbest = fils;
      delta2 = deltac;
      phic = phi;
      deltac = delta;
    }
    else if (delta < delta2)
      delta2 = delta;
    if (phi == Infinite)
      return nbest;
  }
  return nbest;
}

int deltaMin (node n) {
  int min = Infinite;
  pour chaque fils {
    TT.look (fils, phi, delta);
    if (delta < min)
      min = delta;
  }
```

```
    return min;
}

int phiSum (node n) {
    int sum = 0;
    pour chaque fils {
        TT.look (fils , phi , delta);
        sum += phi;
    }
    return sum;
}
```

6.5 Les nombres conspirants

L'algorithme des nombres conspirants est dû à D.A. Mac Allester [59]. Une autre description a été donnée par J. Schaeffer [77]. C'est un algorithme qui utilise une fonction d'évaluation aux feuilles et qui construit un arbre de recherche de profondeur variable sans connaissances du domaine. Le principe de l'algorithme est de déterminer dans quelle mesure l'approfondissement de la recherche d'un sous-arbre est utile. Cette mesure est faite par les nombres conspirants qui représentent le nombre minimum de feuilles qui doivent changer leur valeur (en approfondissant la recherche) pour que la valeur minimax du sous-arbre change. Cette recherche est contrôlée par le seuil conspirant (CT), le nombre minimum de nombres conspirants au dessus duquel il est considéré comme improbable que la valeur du sous-arbre change.

Pour une feuille, changer sa valeur ne demande la conspiration que de cette feuille elle-même, son nombre conspirant est alors de 1. Si la valeur ne doit pas être changée, alors le nombre conspirant est 0. Si la feuille est une feuille terminale on ne peut pas changer sa valeur, son nombre conspirant est alors Infini.

Pour un noeud interne à un niveau Max, augmenter sa valeur jusqu'à v ne nécessite d'augmenter qu'un seul fils jusqu'à v. Le nombre minimum de nombres conspirants pour augmenter la valeur du noeud est donc le minimum des nombres conspirants des fils pour augmenter la valeur à v. Si v est inférieur ou égal à m la valeur minimax du noeud son nombre conspirant est 0.

Pour faire décroître la valeur d'un noeud Max à v on doit faire décroître les valeurs de tous les fils qui ont une valeur supérieure à v. Le nombre minimum de conspirateurs pour faire décroître la valeur d'un noeud est la somme de tous les nombres conspirants des fils pour faire décroître la valeur vers v. Si v est supérieur ou égal à m, le nombre conspirant est 0.

Pour un noeud interne Min, on prend les relations duales, à savoir la somme des nombres conspirants pour faire croître vers une valeur v supérieure à m, et le minimum des nombres conspirants pour faire décroître vers une valeur v inférieure à m, 0 sinon.

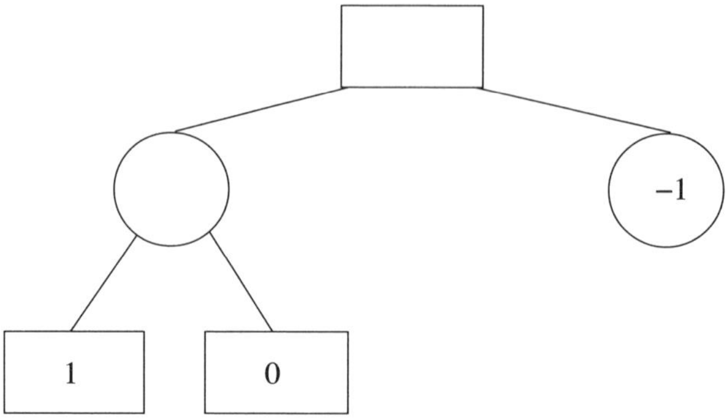

FIGURE 6.4 – Quel sont les nombres conspirants à la racine ?

Exercice : En supposant que les valeurs possibles pour l'évaluation vont de -2 à 2, calculer les nombre conspirants de la racine de l'arbre de la figure 6.4. Combien de feuilles faut il changer pour que la racine prenne la valeur -2 ?

Les nombres conspirants représentent la difficulté de changer la valeur d'un noeud. Ils peuvent donc être utilisés pour évaluer la précision de la valeur de la racine tracine. Un Seuil de Conspiration SC permet de déterminer le nombre minimum de noeuds pour qu'une valeur soit considérée comme improbable à atteindre et qu'elle ne soit plus cherchée.

L'algorithme continue jusqu'à ce qu'il n'y ait plus qu'une seule valeur possible. C'est à dire quand on pense que plus de recherche ne changera pas la valeur de la racine. Plus le seuil est grand, plus on peut avoir confiance dans la valeur finale de la racine.

Étant donné un ensemble de valeurs possibles pour la racine, comment les élimine-t-on toutes sauf une ? La façon la plus simple est de les ôter une par une en commençant soit par tmax la plus grande valeur encore possible à la racine, soit par tmin la plus petite valeur encore possible. Pour éliminer tmax, l'algorithme essaie soit de changer la valeur de la racine à tmax, soit d'augmenter le nombre conspirant de tmax jusqu'à SC (AugmenterRacine), ce qui est fait en prouvant qu'un élément de l'ensemble conspirant minimal ne conspirera pas avec les autres éléments de l'ensemble pour changer la valeur de la racine vers tmax. Une stratégie similaire est utilisée pour éliminer tmin (DiminuerRacine).

A chaque étape du développement de l'arbre, l'algorithme doit choisir soit de AugmenterRacine ou de DiminuerRacine. Il choisit d'éliminer la valeur qui est la plus éloignée de tracine. Si les valeurs sont à égales distances de tracine, il choisit DiminuerRacine. Si on a choisit d'éliminer tmax, par exemple, une feuille de l'ensemble minimal de conspirateurs doit être développée un coup de plus. Pour trouver cette feuille à développer, l'algorithme descend de la racine en utilisant la procédure suivante :

- pour un noeud Max : Seul un successeur doit augmenter sa valeur à tmax pour que le noeud père en fasse autant. La branche la plus à même de changer la valeur

est celle qui demande le moins de conspirateurs pour avoir tmax. On choisit donc la branche qui a le nombre minimum de conspirateurs, et la plus à gauche en cas d'égalité.
- pour un noeud Min : On choisit, parmi toutes les branches qui doivent augmenter leur valeur jusqu'à tmax pour changer la valeur du noeud, celle qui est la plus à gauche.

Lorsqu'on atteint une feuille celle ci est développée. Comme chaque fils peut amener à un résultat favorable ou défavorable, les fils sont ordonnés en fonction de leur évaluation. En mettant les fils les plus favorables en premier, cela accroît les chances que le fils le plus à gauche soit le meilleur, et favorise donc le choix du fils le plus à gauche dans l'algorithme. Les valeurs minimax et les nombres conspirants sont alors remontés dans l'arbre.

Si en développant cette feuille, on augmente sa valeur à tmax, le nombre de conspirateurs pour cette valeur est diminuée de 1, et les autres éléments de cet ensemble de conspirateurs sont à leur tour développés. Si la valeur du noeud est inférieure à tmax, et que le noeud développé est un noeud Min, on a alors peut être augmenté le nombre de conspirateurs à la racine ; dans ce cas le nombre de conspirateurs peut avoir atteint SC ; on élimine alors tmax de l'ensemble des valeurs possibles à la racine. Pour un noeud Max, si la valeur est inférieure à tmax, on n'a pas fait évoluer le nombre de conspirateurs de tmax.

6.6 L'algorithme B*

B* [7, 9] cherche à prouver qu'un coup est meilleur que les autres. Il utilise deux bornes sur la valeur heuristique de la position, une valeur pessimiste et une valeur optimiste. B* se termine lorsqu'il a prouvé que la valeur pessimiste d'un coup est supérieure aux valeurs optimistes de tous les autres coups. H. Berliner a utilisé B* pour les Échecs.

L'idée à la base de l'algorithme B* est qu'il n'est pas nécessaire de connaître les valeurs minimax exactes des fils de la racine pour trouver le meilleur coup. Si on peut trouver des limites pour les valeurs minimax de ces successeurs, puis prouver que la limite inférieure du meilleur successeur est plus grande ou égale aux limites supérieures des autres coups, cela suffit pour prouver qu'il est le meilleur.

Remonter uniquement les bornes d'évaluation fait perdre des informations vitales, comme par exemple le risque associé à ces bornes. C'est pourquoi on peut améliorer B* en lui adjoignant des probabilités.

Dans ce cas, un noeud de recherche contient :

- RealVal qui est la meilleure estimation de la vraie valeur du noeud.
- OptVal qui est la valeur optimiste du noeud pour la couleur de celui qui joue.
- PessVal qui est la valeur optimiste pour la couleur qui ne joue pas.
- OptProb qui est la probabilité qu'un valeur cible peut être atteinte dans le sous-arbre

associé à ce noeud.

Dans B*, il y a toujours un des deux joueurs qui essaye de forcer la situation. Pendant la phase de Sélection, c'est le joueur. Pendant la phase de Vérification, c'est son adversaire. Le joueur qui essaye de forcer est appelé le Forceur. Quand on remonte un noeud pour lequel le Forceur a le choix, on remonte toujours la meilleure alternative. Pour l'autre joueur, l'Obstructeur, c'est la conjonction des alternatives qui est remontée, puisqu'elles doivent toutes être réfutées.

On remonte les valeurs comme suit :

- les RealVals sont remontées comme dans un MiniMax.
- les OptVals sont seulement calculées pour les feuilles du Forceur.
- les PessVals sont les OptVals de l'adversaire.
- les OptProb des fils sont multipliés aux noeuds MIN pour trouver le OptProb du père. Aux noeuds MAX le OptProb du père est le meilleur OptProb des fils.

L'algorithme est le suivant :

```
int ValeurCible;
Selectionner:
tant que (RealVal(MeilleurCoupALaRacine) <
          OptVal(AutreCoup)) {
  ValeurCible =(OptVal(SecondMeilleur)+RealVal(Best))/2;
  TrouverLeNoeudRacineAvecOptProbMaximal();
  Descendre le sous arbre en selectionnant
    - le fils avec OptProb max aux noeuds MAX
    - le fils avec la meilleure RealVal aux noeuds MIN
  Calculer RealVal pour chaque fils de la feuille
  Si c'est un noeud MAX, calculer OptVal pour chaque fils
  remonter les valeurs
  Si plus de temps
    sortir de la boucle
}
ValeurCible = RealVal(SecondMeilleurCoupALaRacine)-1 ;
Verifier :
while(RealVal(MeilleurCoupALaRacine) >= ValeurCible) {
  selectionner le noeud MIN avec le plus grand OptProb
  Descendre le sous arbre en selectionnant
    - le fils avec le OptProb max aux noeuds MIN
    - le fils avec avec le meilleur RealVal aux noeuds MAX
  Calculer RealVal pour chaque fils de la feuille
  Si c'est un noeud MIN, calculer OptVals pour chaque fils
  remonter les valeurs
  Si plus de temps
    sortir de la boucle
}
```

```
goto Selectionner;
JouerLeCoup :
```

6.7 Corrigés des exercices

6.7.1 La classe Connect

```
#include <stdio.h>
#include <stdlib.h>
#include <math.h>
#include <iostream>
#include <stack>
#include <list>

using namespace std;

const int Noir = 0;
const int Blanc = 1;
const int Vide = 2;
const int Exterieur = 3;
const int Taille = 11;
const int TailleAlignement = 3;

unsigned long long HashArray [2] [Taille + 2] [Taille + 2];

class Connect {
 public:
  char goban [Taille + 2] [Taille + 2];
  unsigned long long hash;

  Connect () {
    hash = 0;
    for (int i = 1; i <= Taille; i++)
      for (int j = 1; j <= Taille; j++)
        goban [i] [j] = Vide;
    for (int i = 0; i < Taille + 2; i++) {
      goban [0] [i] = Exterieur;
      goban [i] [0] = Exterieur;
      goban [Taille + 1] [i] = Exterieur;
      goban [i] [Taille + 1] = Exterieur;
    }
  }

  void initHash () {
    for (int c = 0; c < 2; c++)
```

```
      for (int i = 1; i <= Taille; i++)
        for (int j = 1; j <= Taille; j++) {
          HashArray [c] [i] [j] = 0;
          for (int b = 0; b < 64; b++)
            if ((rand () / (RAND_MAX + 1.0)) > 0.5)
              HashArray [c] [i] [j] |= (1ULL << b);
        }
}

void joue (int x, int y, int couleur) {
  goban [x] [y] = couleur;
  hash ^= HashArray [couleur] [x] [y];
}

void dejoue (int x, int y, int couleur) {
  goban [x] [y] = Vide;
  hash ^= HashArray [couleur] [x] [y];
}

bool gagne (int x, int y, int couleur) {
  int nb [8] = {0};
  for (int i = 1; i < TailleAlignement; i++) {
    if (nb [0] == i - 1)
      if (goban [x] [y - i] == couleur)
        nb [0]++;
    if (nb [1] == i - 1)
      if (goban [x + i] [y - i] == couleur)
        nb [1]++;
    if (nb [2] == i - 1)
      if (goban [x + i] [y] == couleur)
        nb [2]++;
    if (nb [3] == i - 1)
      if (goban [x + i] [y + i] == couleur)
        nb [3]++;
    if (nb [4] == i - 1)
      if (goban [x] [y + i] == couleur)
        nb [4]++;
    if (nb [5] == i - 1)
      if (goban [x - i] [y + i] == couleur)
        nb [5]++;
    if (nb [6] == i - 1)
      if (goban [x - i] [y] == couleur)
        nb [6]++;
    if (nb [7] == i - 1)
      if (goban [x - i] [y - i] == couleur)
        nb [7]++;
  }
```

```
    if ((1 + nb [0] + nb [4] >= TailleAlignement) ||
        (1 + nb [1] + nb [5] >= TailleAlignement) ||
        (1 + nb [2] + nb [6] >= TailleAlignement) ||
        (1 + nb [3] + nb [7] >= TailleAlignement)
        )
      return true;
    return false;
  }

  bool gameOver () {
    return false;
  }
};

Connect connect;
```

6.7.2 L'algorithme proof number search

```
const int Infini = 10000000;
int couleurProuvante = Noir;

class Noeud {
 public:
  char x, y;
  int pn, dn;
  list <Noeud *> listeFils;

  void init () {
    listeFils.clear ();
  }

  void descente (Connect & connect, int couleur);
};

const int MaxNoeud = 10000000;

int nbNoeuds = MaxNoeud;
Noeud racine;
Noeud pileNoeud [MaxNoeud];

void Noeud::descente (Connect & connect, int couleur) {
  int autre = Noir;
  if (couleur == Noir)
    autre = Blanc;

  if (listeFils.size () == 0) {
    for (int i = 1; i <= Taille; i++)
```

```
        for (int j = 1; j <= Taille; j++)
          if (connect.goban [i] [j] == Vide) {
            connect.joue (i, j, couleur);
            nbNoeuds--;
            if (nbNoeuds < 0) {
              cout << "plus␣de␣memoire" << endl;
              exit (0);
            }
            Noeud * n = &pileNoeud [nbNoeuds];
            n->init ();
            n->x = i;
            n->y = j;
            if (connect.gagne (i, j, couleur)) {
              if (couleur == couleurProuvante) {
                n->pn = 0;
                n->dn = Infini;
              }
              else {
                n->pn = Infini;
                n->dn = 0;
              }
            }
            else {
              n->pn = 1;
              n->dn = 1;
            }
            listeFils.push_back (n);
            connect.dejoue (i, j, couleur);
          }
  }
  else {
    Noeud * meilleurFils = NULL;
    for (list<Noeud *>::iterator iter = listeFils.begin ();
         iter != listeFils.end (); ++iter) {
      if (couleur == couleurProuvante) {
        if ((*iter)->pn == pn) {
          meilleurFils = *iter;
          break;
        }
      }
      else
        if ((*iter)->dn == dn) {
          meilleurFils = *iter;
          break;
        }
    }
    connect.joue (meilleurFils->x, meilleurFils->y,
```

```
                    couleur);
    meilleurFils->descente (connect, autre);
    connect.dejoue (meilleurFils->x, meilleurFils->y,
                    couleur);
  }
  if (couleur == couleurProuvante) {
    pn = Infini;
    dn = 0;
    for (list<Noeud *>::iterator iter = listeFils.begin ();
         iter != listeFils.end (); ++iter) {
      if ((*iter)->pn < pn)
        pn = (*iter)->pn;
      dn += (*iter)->dn;
    }
  }
  else {
    pn = 0;
    dn = Infini;
    for (list<Noeud *>::iterator iter = listeFils.begin ();
         iter != listeFils.end (); ++iter) {
      if ((*iter)->dn < dn)
        dn = (*iter)->dn;
      pn += (*iter)->pn;
    }
  }
}

int solve () {
  racine.init ();
  nbNoeuds = MaxNoeud;
  racine.descente (connect, Noir);
  int nb = 1;
  while ((racine.pn != 0) && (racine.pn != Infini)) {
    cout << racine.pn << "␣";
    racine.descente (connect, Noir);
    nb++;
  }
  cout << "resultat␣:␣pn␣=␣" << racine.pn << "␣en␣" <<
          nb << "␣descentes" << endl;
  return racine.pn;
}

int main () {
  connect.initHash ();
  cout << solve () << endl;
}
```

6.7.3 L'algorithme PN²

```
class NoeudCarre {
 public:
  char x, y;
  int pn, dn;
  list<NoeudCarre *> listeFils;
  unsigned long long hash;

  void init () {
    listeFils.clear ();
  }
  void descente (Connect & connect, int couleur);
};

const int MaxNoeudCarre = 10000000;

int nbNoeudsCarre = MaxNoeudCarre;
NoeudCarre racineCarre, pileNoeudCarre [MaxNoeudCarre];

void NoeudCarre::descente (Connect & connect,
                           int couleur) {
  int autre = Noir;
  if (couleur == Noir)
    autre = Blanc;

  if (listeFils.size () == 0) {
    for (int i = 1; i <= Taille; i++)
      for (int j = 1; j <= Taille; j++)
        if (connect.goban [i] [j] == Vide) {
          connect.joue (i, j, couleur);
          nbNoeudsCarre--;
          if (nbNoeudsCarre < 0) {
            cout << "plus de memoire" << endl;
            exit (0);
          }
          NoeudCarre * n = &pileNoeudCarre [nbNoeudsCarre];
          n->init ();
          n->x = i;
          n->y = j;
          n->hash = connect.hash;
          if (connect.gagne (i, j, couleur)) {
            if (couleur == couleurProuvante) {
              n->pn = 0;
              n->dn = Infini;
            }
            else {
```

```
                n->pn = Infini;
                n->dn = 0;
              }
            }
            else {
              racine.init ();
              nbNoeuds = MaxNoeud;
              racine.descente (connect, couleur);
              int nb = 1;
              while ((racine.pn != 0) &&
                     (racine.pn != Infini) && (nb < 100)) {
                racine.descente (connect, couleur);
                nb++;
              }
              n->pn = racine.pn;
              n->dn = racine.dn;
            }
            listeFils.push_back (n);
            connect.dejoue (i, j, couleur);
          }
  }
  else {
    NoeudCarre * meilleurFils = NULL;
    for (list<NoeudCarre *>::iterator iter =
                                              listeFils.begin ();
         iter != listeFils.end (); ++iter) {
      if (couleur == couleurProuvante) {
        if ((*iter)->pn == pn) {
          meilleurFils = *iter;
          break;
        }
      }
      else
        if ((*iter)->dn == dn) {
          meilleurFils = *iter;
          break;
        }
    }
    connect.joue (meilleurFils->x, meilleurFils->y,
                  couleur);
    meilleurFils->descente (connect, autre);
    connect.dejoue (meilleurFils->x, meilleurFils->y,
                    couleur);
  }
  if (couleur == couleurProuvante) {
    pn = Infini;
    dn = 0;
```

```
      for (list<NoeudCarre *>::iterator iter =
                                       listeFils.begin ();
           iter != listeFils.end (); ++iter) {
        if ((*iter)->pn < pn)
          pn = (*iter)->pn;
        dn += (*iter)->dn;
      }
    }
    else {
      pn = 0;
      dn = Infini;
      for (list<NoeudCarre *>::iterator iter =
                                       listeFils.begin ();
           iter != listeFils.end (); ++iter) {
        if ((*iter)->dn < dn)
          dn = (*iter)->dn;
        pn += (*iter)->pn;
      }
    }
  }
```

6.7.4 Nombres conspirants

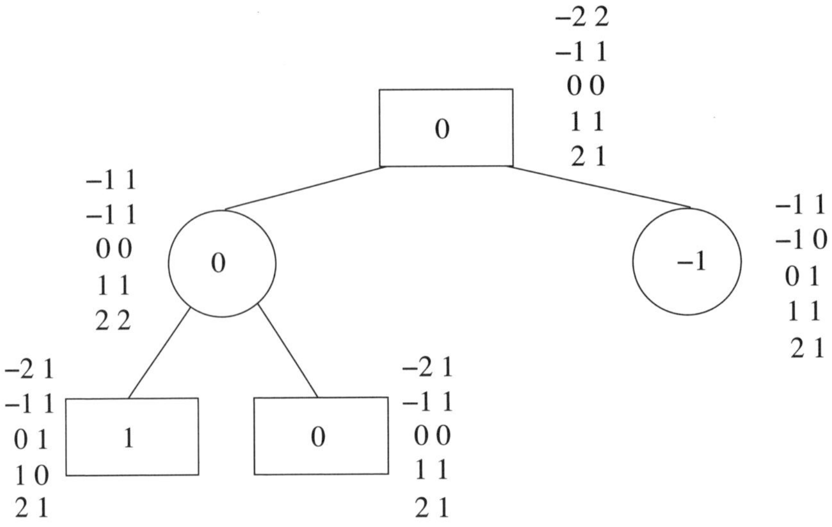

FIGURE 6.5 – Calcul des nombres conspirants.

La figure 6.5 donne pour chaque noeud les nombres conspirants correspondant à chaque valeur possible. On voit que pour la racine, le nombre de conspirateurs pour la valeur -2 est de 2.

Chapitre 7

Bases de données de finales

"Les ouvertures vous apprennent les ouvertures, les finales vous apprennent les Échecs."

Anonyme.

L'objectif d'une base de données de finales est de calculer le résultat exact d'un ensemble de positions ayant des caractéristiques communes. Par exemple on construit l'ensemble des positions qui contiennent six pièces ou moins aux Échecs, et à chaque position on associe son résultat exact. Le résultat exact correspond au résultat si les deux joueurs jouent parfaitement à partir de la position.

Pour pouvoir stocker efficacement les résultats des positions, il est nécessaire de concevoir une bijection entre les positions de la base et les nombres allant de 0 au nombre de positions de la base. À l'indice de la position dans la base on stockera son résultat.

Un algorithme d'analyse rétrograde simple, qui calcule les résultats de chaque position, consiste à commencer par évaluer toutes les positions terminales (le roi est échec et mat), puis à parcourir toutes les positions pour chercher les positions gagnantes et perdantes, et à continuer à parcourir toutes les positions tant qu'on trouve de nouveaux résultats. Cet algorithme est donné dans l'algorithme 4. Lorsqu'on a trouvé toutes les positions gagnantes et perdantes pour les deux joueurs, les positions restantes sont étiquetées comme nulles.

Les algorithmes qui engendrent les positions antérieures des positions dont on connaît le résultat sont plus efficaces que cet algorithme simple.

Algorithm 4 Analyse rétrograde

```
Analyse ()
initialiser tous les résultats à inconnu
for toutes les positions do
   if position terminale then
      affecter le résultat de la position
   end if
end for
while on trouve de nouveaux résultats do
   for toute les positions do
      if position de résultat inconnu then
         if un coup amène à une position perdante pour l'adversaire ou tous les coups
         amènent à des positions gagnantes pour l'adversaire then
            affecter le résultat de la position
            on a trouvé un nouveau résultat
         end if
      end if
   end for
end while
```

7.1 Les Échecs

7.1.1 Principe de l'algorithme

En sus d'être l'auteur du système d'exploitation UNIX, du langage C, et d'avoir obtenu le prestigieux prix Turing, K. Thompson est aussi connu pour avoir créé des bases de données de finales aux Échecs [87, 88] qui ont permis de découvrir de nouvelles connaissances échiquéennes et de jouer les fins de parties mieux que les grands maîtres. Son programme est bien sûr écrit en langage C.

L'algorithme consiste à effectuer un Minimax à l'envers en partant des positions gagnantes. Pour chaque position terminale, on trouve les positions qui y mènent par un générateur de positions antérieures ; on enregistre les nouvelles positions comme étant des positions gagnantes en un coup pour Blanc. On trouve alors les positions qui y mènent par un coup Noir, et on vérifie que tous les coups Noirs de ces positions sont perdants ; on a alors des positions gagnées pour Blanc à un coup. On réitère le processus jusqu'à ce qu'on ne trouve plus de nouvelles positions.

L'algorithme convertit une position en un nombre unique, ce nombre est utilisé pour indicer un tableau de positions d'Échecs. On cherche à trouver un codage qui ait un nombre maximum le plus petit possible afin de minimiser la taille de la base de données.

Exercice : Si on ne considère que les finales sans pions, les positions ont le mêmes propriétés par symétrie horizontale, verticale ou diagonale. Combien de façons différentes y a-t-il de placer le roi noir et le roi blanc ? Pour une finale à 6 pièces, quelle est la taille

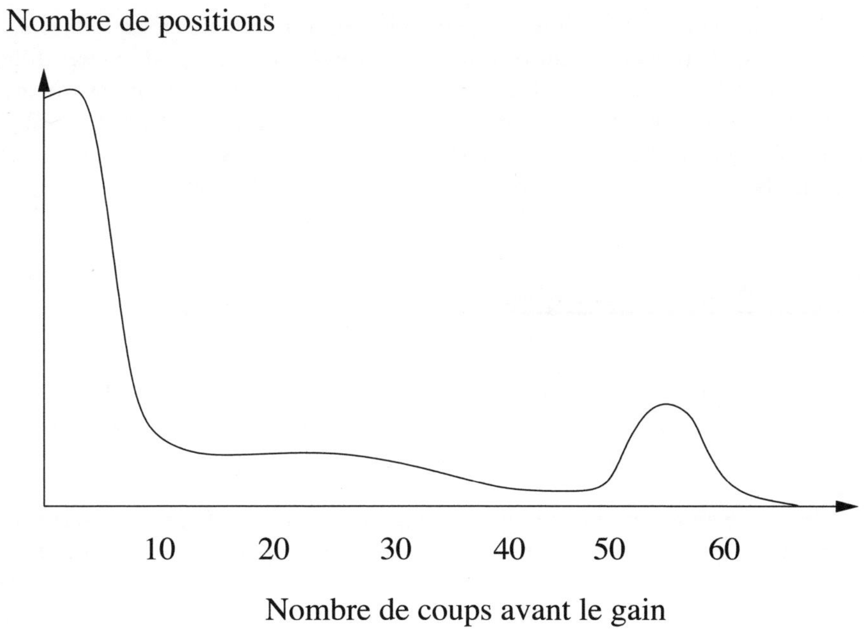

FIGURE 7.1 – Nombre de positions gagnées en fonction de la profondeur de la recherche nécessaire pour résoudre la position.

du tableau des positions ?

7.1.2 Résultats dûs aux bases de données de finales

La base de données de K. Thompson contient pour chaque position d'une finale le nombre de coups minimum avant le gain. Elle a permis d'analyser les fin de parties de grands maîtres à la lumière de ces résultats exacts. On obtient ainsi des résultats surprenants, notamment pour les finales difficiles comme la finale Roi-Fou-Fou-Roi-Cavalier [65, 66].

Les grands maîtres ne jouent pas toujours les coups qui gagnent le plus rapidement même quand ils sont proches du but. De plus dans cette finale particulière et en utilisant ce défaut des grands maîtres, un programme peut repousser sans cesse le mat en choisissant à chaque fois la perte la plus longue ce qui repousse le mat lorsque le joueur humain ne joue pas le coup qui amène le plus rapidement au gain. La figure 7.1 donne la répartition du nombre de positions gagnées en fonction du nombre de coups minimum nécessaires pour gagner. On voit deux cloches dans cette courbe, ce qui signifie que de nombreuses positions dans la cloche de droite sont gagnées mais éloignées du gain par un grand nombre de coups. On peut remarquer que pour passer de la deuxième cloche à la première cloche on doit passer par un goulot d'étranglement qui sont des positions clés. Comme il y a peu de positions gagnantes dans ce goulot d'étranglement il n'y a souvent qu'un seul coup gagnant ou un seul coup qui réduit la distance au gain. Ce sont des position très difficiles à jouer. C'est la raison pour laquelle les positions dans la cloche de droite ont longtemps été réputées comme étant des parties nulles par de grands analystes. Dans ces position, le mat est très difficile à trouver. Dans d'autres finales, les analyses aboutissaient au résultat correct mais pour de mauvaises raisons, réfutées par la base de données.

7.2 Les Dames anglaises

Les Dames anglaises sont l'équivalent anglais des Dames françaises. Elles sont jouées sur un damier 8x8, et les pions promus qui sont des Rois ont moins de libertés de déplacement que les dames dans les dames françaises.

J. Schaeffer était à l'origine un joueur et un programmeur d'Échecs et un spécialiste des architectures parallèles. Il a par la suite délaissé la programmation des Échecs pour s'intéresser à celle des Dames anglaises. Chinook, son programme de Dames anglaises utilise une base de données de finales qui contient toutes les positions de fin de parties contenant 10 pièces ou moins. Cette base de données lui a permis de résoudre les Dames anglaises en 2007 [80]. Il a prouvé que la position de départ aux Dames anglaises est nulle. Les bases de données à 10 pièces ont été utilisées pour évaluer les feuilles de l'arbre de recherche bien avant la fin réelle de la partie.

Des machines parallèles et des réseaux de stations ont été utilisés pour engendrer ces bases de données.

A peu près la moitié des positions dans une base de données sont des positions de capture ; elles sont donc résolues lors de la première passe. Par contre, de nombreuses positions sans capture nécessitent des dizaines de passes avant d'être résolues. La technique itérative qui consiste à reparcourir toutes les positions résolues à chaque fois devient alors coûteuse puisque de nombreuses positions déjà résolues sont alors reparcourues à chaque passe. Pour éviter ces parcours inutiles, Chinook utilise une liste des positions trouvées lors de la dernière itération, et déjoue les coups à partir de ces positions.

L'algorithme qu'il utilise est donné dans l'algorithme 5.

Algorithm 5 Analyse rétrograde dans Chinook

AnalyseChinook ()
1. Affecter à toutes les positions la valeur INCONNU
2. Parcourir et résoudre toutes les positions de capture
3. Parcourir et résoudre toutes les positions sans capture
4. Aller en 3 si une position sans capture a été résolue
5. Affecter à toutes les positions restantes la valeur NULLE

Pour les Échecs et les Dames anglaises, les bases de données consistent en des tableaux associant à chaque indice le résultat de la position représentée par cet indice. Pour les Dames anglaises, un résultat est représenté par deux bits ; il peut avoir une des trois valeurs : GAGNEE, PERDUE ou NULLE. Pour les Échecs, en plus de cette information, d'autres bits sont utilisés pour donner le nombre de coups minimum au gain d'une position gagnée, le nombre de coups maximum avant la perte d'une position perdue. Cette information permet de jouer optimalement les finales de la base de données, en jouant tous les coups possibles à partir de la position courante, et en choisissant celui qui amène à la position qui maximise ou minimise la distance à la fin de la partie, suivant qu'on est en train de perdre ou de gagner.

Les bases de données de finales aux Dames anglaises prennent beaucoup de place mémoire. Pour les stocker efficacement, elles sont compressées et décompressées dynamiquement lorsqu'on en a besoin. L'algorithme de compression est le *run-length encoding* : une suite de mêmes caractères est remplacée par le caractère suivi du nombre de caractères de la suite. Les taux de compression en utilisant cet algorithme varient entre 18 et 52 sur ces bases de données.

7.3 L'Awele

L'Awele est un jeu africain. Un plateau d'Awele comporte deux rangées de 6 trous contenant des graines. Chaque joueur contrôle la rangée qui est de son coté du plateau. Un trou supplémentaire est utilisé par chaque joueur pour garder ses prisonniers. Au début du jeu, chaque trou contient quatre graines, il y a donc 48 graines sur le plateau.

A chaque coup un joueur choisit un trou de sa rangée contenant des graines. En commençant avec le voisin de ce trou, il sème alors toutes les graines du trou, une par une, dans le sens contraire des aiguilles d'une montre. Si le trou contient 12 graines ou plus, le trou d'origine est passé et le semage continue ensuite normalement. Après un coup, le trou auquel on a enlevé les graines est donc toujours vide. Après la fin du semage, les prisonniers sont retirés du jeu. Des graines sont prisonnières si la dernière graine semée se retrouve dans un trou ennemi, qui après le semage contient 2 ou 3 graines. Si une capture est effectuée et que le trou précédent contient aussi 2 ou 3 graines, ces graines sont aussi capturées. Cette procédure est répétée pour les autre trous qui précèdent, et elle s'arrête lorsqu'un trou contient un nombre de graines différent de 2 ou 3, ou lorsque le bout de la rangée adverse est atteint.

Le but du jeu est de capturer plus de graines que l'adversaire. Le jeu se termine dès qu'un adversaire a gagné 25 graines ou plus. Le jeu se termine aussi lorsqu'un joueur ne peut plus jouer ; toutes les graines restantes sur le plateau sont alors capturées par son adversaire. Si une même position est rencontrée pour la troisième de fois, avec le même joueur ayant la main, les graines restantes sont divisées également entre les deux joueurs. Si les deux joueurs ont 24 graines, le jeu est déclaré nul.

L'Awele a été complètement résolu grâce à l'analyse rétrograde en 2002 [70]. Toutes les positions possibles ont été analysées y compris la position de départ.

7.4 WoodPush

Woodpush est un jeu qui a été inventé récemment pour analyser les jeux avec ko (un ko consiste à interdire la répétition de la position précédente, on les retrouve souvent au jeu de Go par exemple). Le jeu est volontairement simple de façon à faciliter son analyse. Il se joue avec des pièces de couleurs différentes sur une ligne de cases. La position initiale pour 7 cases est :

```
|G| |G| |D| |D|
```

Le joueur gauche (dont les pièces sont représentées par un G) déplace ses pièces vers la droite, et saute par dessus les pièces qui sont devant lui. S'il y a une pièce du joueur droit à gauche d'une de ses pièces, il a alors le droit de reculer en poussant les pièces vers la gauche. Lorsqu'une pièce dépasse le bord elle est perdue.

La partie est perdue lorsqu'on n'a plus de pièces.

Exercice : Résoudre Woodpush avec 7 cases en utilisant l'analyse rétrograde.

7.5 Autres jeux de pions

L'analyse rétrograde a permis de résoudre Fanorona [74]. Elle peut être utilisée pour d'autres jeux qui ont une structure similaire. Ainsi, le Breakthrough 5x5 et le Surakarta partagent avec Fanorona la propriété qu'une base de finales comporte n pions noirs et b pions blancs dont on veut évaluer toutes les configurations possibles. Supposons qu'on ait C cases numérotées de 0 à $C - 1$ sur lesquelles on peut avoir soit un pion blanc soit un pion noir. Pour stocker la valeur de la position dans un tableau, il faut construire une fonction qui calcule l'indice de chaque position dans le tableau, si possible en évitant d'avoir des indices inoccupés.

Exercice : Trouver une fonction qui associe un indice à chaque position sans laisser d'indices inoccupés dans le tableau.

7.6 Corrigés des exercices

7.6.1 Nombre de positions à 6 pièces aux Échecs

Une solution non optimale consisterait à allouer $64 \times 63 \times 62 \times 61 \times 60 \times 59$ octets.

Une meilleure solution consiste à forcer le roi noir dans un huitième de l'échiquier, il n'a donc que 10 positions possibles. Pour les quatre positions sur la diagonale on peut forcer le roi blanc dans une moitié de l'échiquier.

Le nombre de positions du roi blanc pour chaque position du roi noir est donc :

```
/  -  -  -  -  -  -  -  -  \
|                          |
|                          |
|                          |
|                          |
|              30          |
|              55 30       |
|              55 55 30    |
|              58 58 58 33 |
\  -  -  -  -  -  -  -  -  /
```

Remarque : on ne peut faire les rotations et les symétries que pour les finales sans pions.

On a donc $3 \times 30 + 3 \times 55 + 3 \times 58 + 33 = 462$ façons de placer les deux rois.

Pour les finales à 6 pièces chacune des 4 pièces restantes peut être placée sur 64 cases, on a donc 64^4 (16M) combinaisons de pièces, donc pour une seule configuration de 6 pièces on a $7.75 * 10^9$ positions ce qui occuppe 8 Go. Si chaque position est stockée comme un bit, pour un seul tableau, on a besoin de 970 Mo de mémoire.

On peut noter au passage que K. Thompson n'a pas écrit lui même les générateurs de positions antérieures mais qu'il a écrit un programme qui les écrivaient pour chaque finale différente.

Les finales à 6 pièces sont 64 fois plus grandes que les finales à 5 pièces. De plus il y a 5 fois plus de finales à 6 pièces que de finales à 5 pièces et les finales à 6 pièces sont à peu près deux fois plus longues que les finales à 5 pièces. Donc les finales à 6 pièces prennent 1000 fois plus de temps à construire que les finales à 5 pièces. Des algorithmes de gestion mémoire comme LRU (Least Recently Used = Décharger la zone mémoire la moins récemment utilisée) peuvent être utiles pour optimiser l'utilisation de la mémoire en analyse rétrograde.

Chaque position est associée à un octet qui donne le nombre de coups nécessaires pour gagner ; cette donnée est nécessaire pour jouer les coups qui amènent le plus rapidement au gain dans les finales.

7.6.2 Indice d'une position

Pour calculer l'indice d'une position nous allons reprendre la méthode utilisée par M. Schadd pour Fanorona [74]. Cette fonction est composée de deux sous fonctions : une fonction pour coder la place des pièces et une fonction pour coder la couleur des pièces présentes dans l'ordre d'apparition des pièces.

Cette fonction code les positions sans laisser d'espaces inoccupés dans le tableau ; mais elle est aussi inversible : à partir d'un indice on peut retrouver la position correspondante.

Soit P_i la position d'un pion sur le plateau de jeu (compris entre 0 et $C-1$). On peut coder la configuration des pions à l'aide de :

$$f_1 = \sum_{i=1}^{n+b} \binom{P_i}{i}$$

On veut aussi coder le nombre de façons qu'il y a d'alterner des pions noirs et des pions blancs. Si b_i est l'indice du ième pion blanc dans la suite de pions, on peut utiliser :

$$f_2 = \sum_{i=1}^{b} \binom{b_i}{i}$$

Comme il y a $\binom{C}{n+b}$ façons de placer les pièces sur les C cases on peut utiliser comme indice :

$$f = f_1 \times \binom{C}{n+b} + f_2$$

Chapitre 8

Recherche de plus court chemin sur une carte

La recherche de plus court chemin sur une carte est une étape importante pour de nombreuses applications comme les jeux vidéo ou la planification de mouvements de robots. Nous nous intéressons ici à la recherche de plus court chemin sur une grille. Elle est souvent utilisée pour les jeux de stratégie temps réel par exemple, pour trouver le chemin d'un agent jusqu'à son but sur la carte.

8.1 L'algorithme de Dijkstra

L'algorithme de Dijkstra permet de trouver le chemin de coût minimal dans un graphe dont les arêtes sont associées à des coût positifs ou nuls. Nous nous intéressons ici au cas particulier de l'algorithme de Dijkstra pour la recherche de plus court chemin sur une carte. Afin d'illustrer la façon dont l'algorithme de Dijkstra trouve le plus court chemin entre deux points, nous allons utiliser une carte très simple. Elle est donnée dans la figure 8.1. Le but est de trouver le plus court chemin entre le point D et le point A. Les cases noires sont des obstacles infranchissables.

Le principe de l'algorithme de Dijkstra est de développer la position qui a le plus petit chemin déjà parcouru. Pour cela, on associe à chaque position la longueur du chemin déjà parcouru que nous appellerons g. Pour la position de départ $g = 0$. Puisqu'un déplacement coûte un, les fils de la position de départ ont tous un $g = 1$. L'algorithme de Dijkstra commence donc par développer la position de départ qui est marquée comme visitée, et à insérer dans une structure de donnée tous les fils de cette position comme décrit dans la figure 8.2.

Une fois ces nouvelles positions développées, le principe de l'algorithme est de dé-

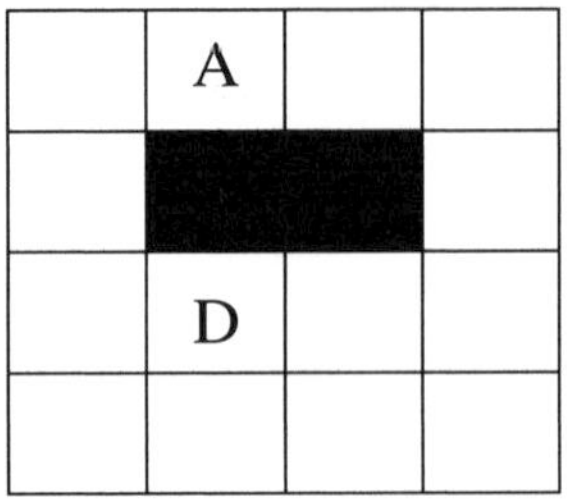

FIGURE 8.1 – On cherche le plus court chemin entre D et A.

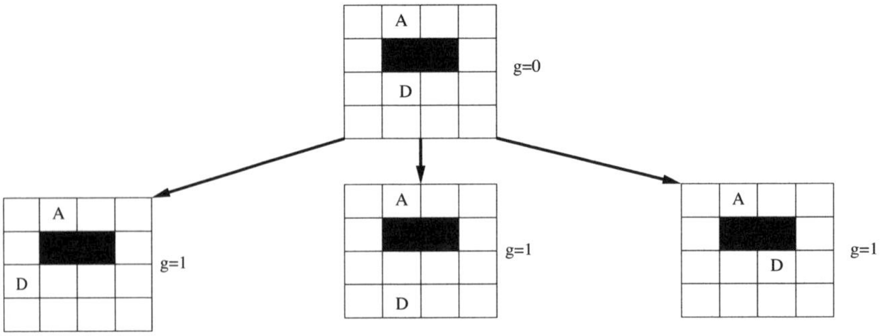

FIGURE 8.2 – On insère dans les positions à développer tous les fils de la position de départ.

velopper la position non encore développée qui a un g minimal. Dans notre cas, toutes les positions aux feuilles (c'est à dire non encore développées) ont un $g = 1$. Il choisit la première feuille et la développe comme indiqué en figure 8.3.

On peut noter que l'algorithme ne développe pas le déplacement vers la droite car il amène à une position déjà visitée. Nous nous retrouvons maintenant avec un arbre qui comporte des feuilles avec $g = 2$ et des feuilles avec $g = 1$. Le principe de l'algorithme étant de développer les feuilles de g minimal, il développe alors une feuille avec $g = 1$, comme indiqué en figure 8.4.

Lorsqu'on continue l'algorithme, il ne reste qu'une seule feuille avec $g = 1$, c'est donc celle là qui est développée en figure 8.5.

L'algorithme continue ainsi jusqu'à visiter la position d'arrivée et à s'assurer que toutes les feuilles de l'arbre ont un g supérieur ou égal au g de la position d'arrivée.

Exercice : Continuer le développement de l'algorithme après la figure 8.5 et vérifier qu'il trouve bien le plus court chemin.

L'algorithme de Dijkstra pour les cartes est donné dans l'algorithme 6.

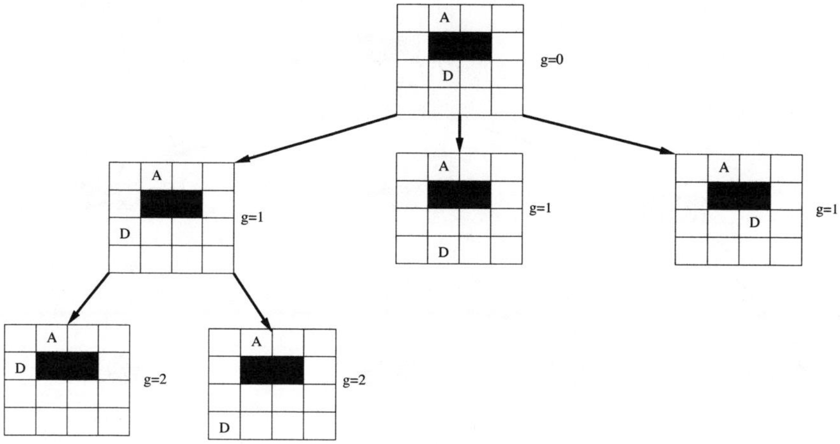

FIGURE 8.3 – On prend ensuite une feuille avec g minimal et on la développe.

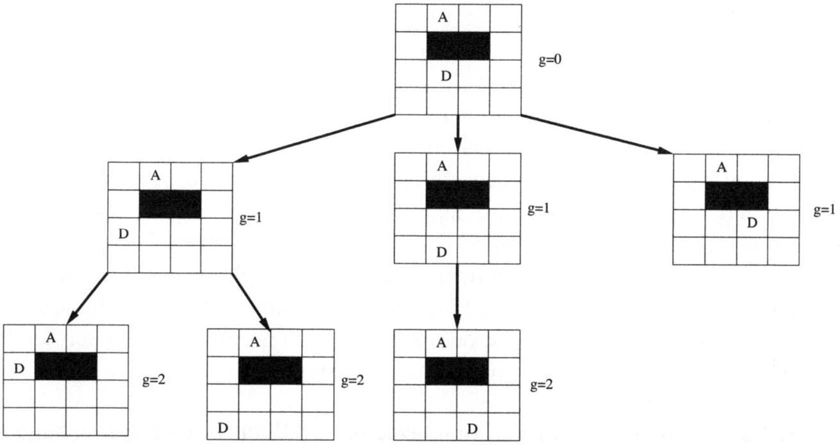

FIGURE 8.4 – On continue à développer les feuilles de g minimal en évitant les positions déjà visitées.

Exercice : Écrire un programme qui calcule le plus court chemin entre deux points sur une carte à l'aide de l'algorithme de Dijkstra. On s'attachera à utiliser des structures de données efficaces qui permettront de trouver le plus court chemin avec une complexité linéaire en fonction de la taille de la carte.

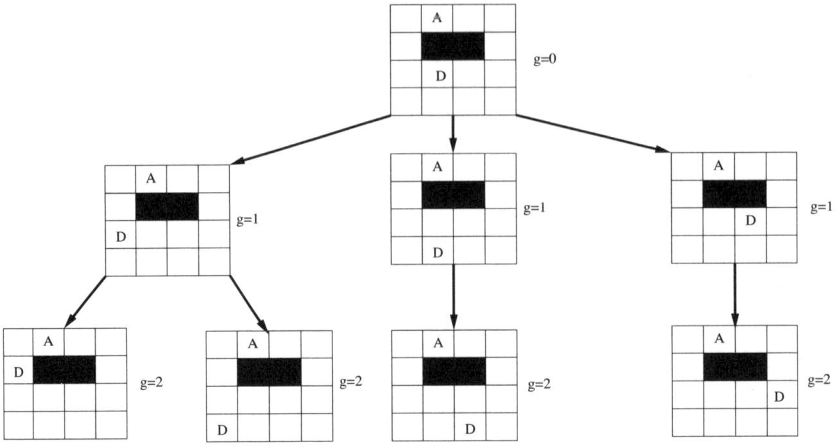

FIGURE 8.5 – Quatrième développement.

8.2 L'algorithme A*

L'algorithme A* est une amélioration de l'algorithme de Dijkstra. En plus de mémoriser pour chaque position le coût du chemin jusqu'à cette position (la variable g) on va évaluer avec une heuristique la longueur du chemin qu'il reste à parcourir. On aura ainsi une évaluation de la longueur totale du chemin. Au lieu de développer la feuille qui a le plus petit g comme dans l'algorithme de Dijkstra, on développera la feuille qui a le plus petit chemin estimé. Si on veut garantir que A* trouve le plus court chemin, il est nécessaire que l'heuristique qui évalue la longueur du chemin restant soit admissible, c'est à dire qu'elle soit optimiste et qu'elle donne dans tous les cas une longueur de chemin inférieure ou égale à la longueur réelle du chemin restant.

L'heuristique admissible la plus utilisée avec A* est l'heuristique de Manhattan. Elle consiste à considérer que le chemin vers le but est sans obstacles, de façon à calculer rapidement un minorant du chemin restant à faire. En effet pour des déplacements horizontaux et verticaux, l'heuristique de Manhattan revient à additionner la valeur absolue de la différence des abscisses entre la position courante et la position d'arrivée et la valeur absolue de la différence des ordonnées entre les mêmes points.

On note habituellement l'heuristique admissible avec un h. La longueur estimée du chemin passant par une position est notée f, et on calcule f en additionnant le chemin déjà parcouru et le chemin minimum qui reste à parcourir. On a donc $f = g + h$.

Le déroulement de l'algorithme A* est similaire à celui de l'algorithme de Dijkstra, excepté qu'on ne développe pas la feuille qui a le g le plus petit mais la feuille qui a le f le plus petit.

Algorithm 6 Recherche du plus court chemin sur une carte avec l'algorithme de Dijkstra

dijkstra ($depart$, $arrivee$)
for tous les points de la carte **do**
  g [$point$] ← -1
end for
positions à développer ← ∅
$point$ ← $depart$
g [$point$] ← 0
while $point \neq arrivee$ **do**
  for tous les voisins de $point$ **do**
    if le $voisin$ est accessible **then**
      if g [$voisin$] = -1 **then**
        g [$voisin$] ← g[$point$] + 1
        ajouter $voisin$ dans les positions à développer
      end if
    end if
  end for
  retirer le $point$ qui a le plus petit g des positions à développer
end while
retourner g [$arrivee$]

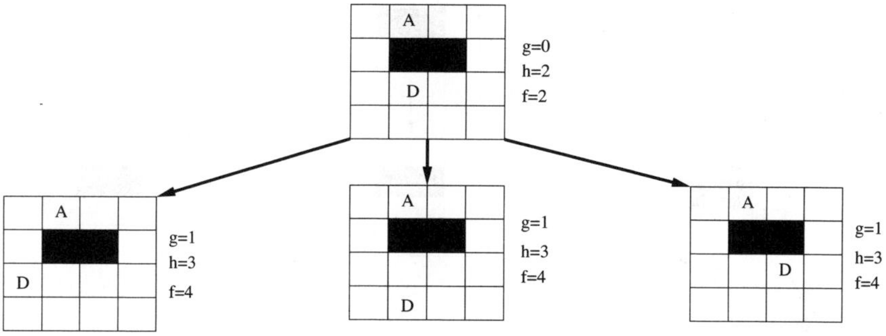

FIGURE 8.6 – On insère dans les positions à développer tous les fils de la position de départ.

Si on prend le même exemple que pour l'algorithme de Dijkstra, on commence par développer la position initiale comme décrit dans la figure 8.6. On calcule pour chaque nouvelle feuille les valeurs pour g, h et f.

On choisit ensuite une feuille ayant un f minimal et on la développe comme dans la figure 8.7. On voit qu'une des feuilles développées à un $f = 4$ ce qui correspond au f minimal sur toutes les feuilles.

On développe alors la feuille de f minimal la plus à gauche et on obtient l'arbre de la figure 8.8. On ne développe qu'une seule feuille car le déplacement vers le bas amène à

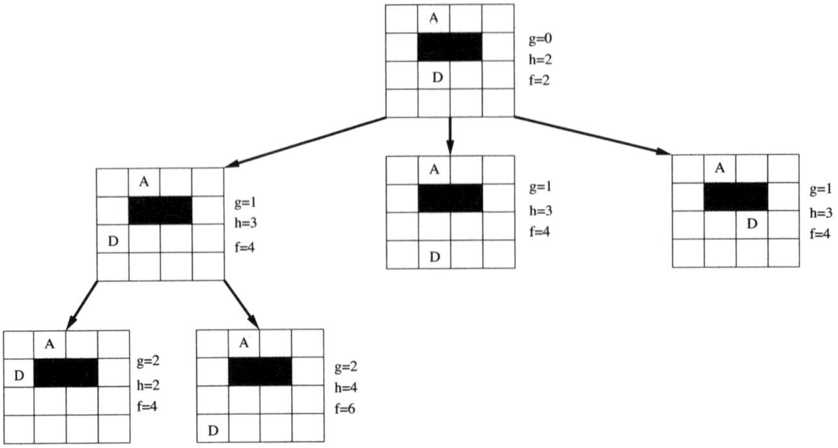

FIGURE 8.7 – On développe une feuille de f minimal.

une position déjà visitée avec un plus petit g et le déplacement vers la droite amène à un obstacle. Encore une fois la nouvelle feuille a un $f = 4$ qui est minimal.

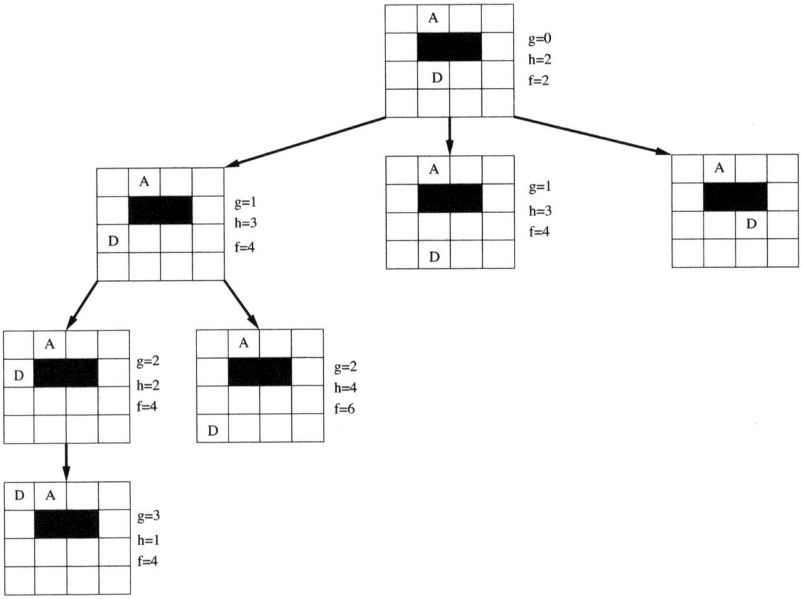

FIGURE 8.8 – On développe la feuille ayant le plus petit f en évitant les positions déjà visitées.

On développe alors de nouveau la feuille la plus à gauche avec un f minimal et on arrive au but comme indiqué en figure 8.9.

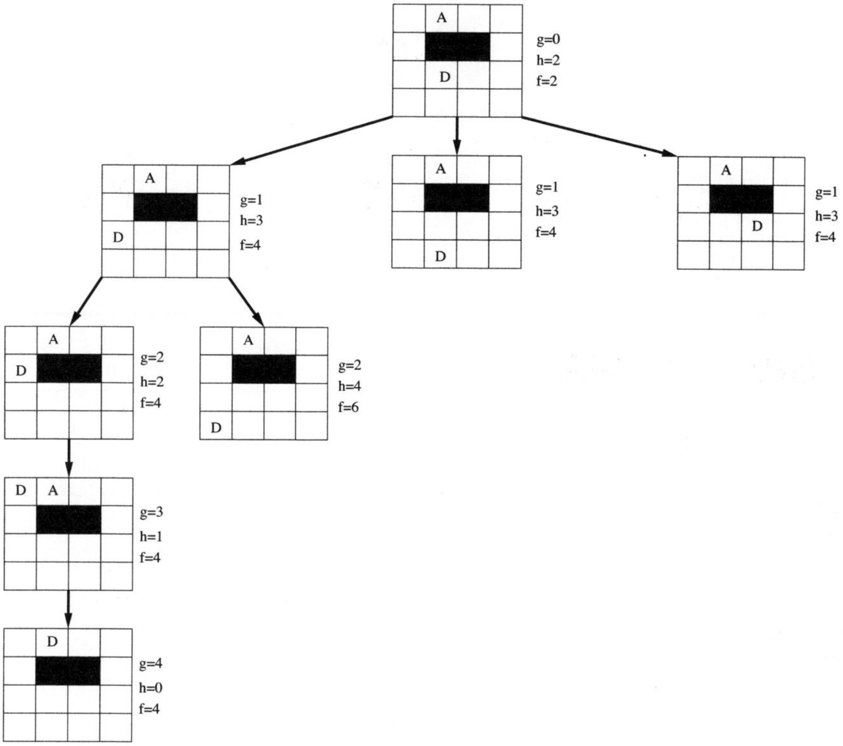

FIGURE 8.9 – On arrive au but et toutes les autres feuilles ont des f plus grands ou égaux.

L'algorithme 7 décrit la recherche de plus court chemin sur une carte avec A*.

Exercice : Montrer que l'algorithme A* est une généralisation de l'algorithme de Dijkstra.

Exercice : Écrire un programme qui trouve un plus court chemin sur une carte en utilisant l'algorithme A*. On utilisera l'heuristique de Manhattan pour estimer de façon optimiste la longueur du chemin restant à parcourir. On utilisera des structures de données efficaces de façon à obtenir une complexité linéaire en fonction de la taille de la carte.

Exercice : Trouver une heuristique admissible lorsque les déplacements diagonaux sont autorisés.

8.3 L'heuristique triangulaire

ALT est une bonne heuristique pour les cartes routières [40]. Elle consiste à pré calculer les distances d'un point donné à tous les autres points. Ces distances pré calculées

Algorithm 7 Recherche du plus court chemin sur une carte avec l'algorithme A*

```
A* (depart, arrivee)
for tous les points de la carte do
   g [point] ← -1
end for
positions à développer ← ∅
point ← depart
point.g ← 0
g [point] ← 0
while point ≠ arrivee do
   if point.g ≤ g [point] then
      for tous les voisins de point do
         if voisin est accessible then
            f ← point.g + 1 + manhattan (voisin, arrivee)
            if g [voisin] = -1 ou g [voisin] > point.g + 1 then
               g [voisin] ← point.g + 1
               voisin.g ← point.g + 1
               ajouter voisin dans les positions à développer de rang f
            end if
         end if
      end for
   end if
   retirer le point qui a le plus petit f des positions à développer
end while
retourner g [arrivee]
```

peuvent alors être utilisées pour calculer une heuristique admissible. L'heuristique utilise l'inégalité triangulaire. Si par exemple $||X, Y||$ est la longueur du plus court chemin entre X et Y, et si les distances sont pré calculées depuis P, que le noeud courant est en D, et que le but à atteindre est en A, on a les inégalités suivantes :

$$||P, A|| \leq ||P, D|| + ||D, A|| \tag{8.1}$$

$$||D, P|| \leq ||D, A|| + ||A, P|| \tag{8.2}$$

Exercice : Trouver une heuristique admissible pour $||D, A||$ à partir ces inégalités.

Si les distances sont pré-calculées depuis plusieurs points, l'heuristique choisit pour h le maximum sur tous les points de l'heuristique fournie par l'heuristique triangulaire et de l'heuristique de Manhattan.

Pour accélérer le calcul de l'heuristique avec P points, au lieu de prendre l'heuristique maximum sur les P points, on peut sélectionner à la racine le point qui donne le h maximum et ne plus utiliser que celui ci pour calculer l'heuristique par la suite. Pour chaque noeud de la recherche, on prend alors le maximum de l'heuristique de Manhattan et de l'heuristique triangulaire pour ce point.

L'heuristique triangulaire avec seulement le meilleur point donne des valeurs plus petites et donc moins bonnes que l'heuristique triangulaire avec plusieurs points. La recherche développera plus de noeuds. Cependant le temps de calcul de l'heuristique est plus faible, ce qui finalement lui permet souvent d'avoir de meilleurs temps de réponse.

Exercice : Implémenter la recherche de plus court chemin avec l'heuristique triangulaire pour A*.

8.4 Recherche de plus court chemin multi-agents

La recherche de plus court chemin multi-agents est un problème PSPACE-difficile [43]. La difficulté supplémentaire par rapport au cas mono-agent est que les agents ne doivent pas entrer en collision.

La plupart des recherches sur ce problème concernent des algorithmes inexacts car le problème est considéré comme trop difficile pour être résolu exactement. Les algorithmes inexacts consistent en général à combiner des chemins individuels comme par exemple dans la recherche de plus court chemin coopérative [82].

		a_1	a_2	a_3			
□	□		□	□	□	□	□
□	□		□	□	□	□	□
□	□		□	□	□	□	□
□	□		□	□	□	□	□
□	□						□
□	□		□	□	□	□	□
		a_4	a_5	a_6			

TABLE 8.1 – Échange de places dans un couloir pour 6 agents

8.4.1 Algorithme optimal

L'algorithme exact standard est A*. La facteur de branchement de l'algorithme est $5^{nbAgents}$ si l'agent a cinq actions possibles (haut, bas, droite, gauche et attendre). La taille de l'espace d'états est de l'ordre de $tailleCarte^{nbAgents}$ où $tailleCarte$ est le nombre de positions sur la carte.

Lorsque le nombre d'agents est élevé, il peut être très intéressant de décomposer les déplacements des agents en déplacements individuels et d'évaluer après chaque déplacement individuel si la recherche ne dépasse pas le seuil autorisé en combinaison avec un algorithme d'approfondissement itératif [26].

Une autre approche qui permet de trouver des chemins optimaux à moindre coût dans de nombreux cas est décrite dans [90, 91].

8.4.2 Algorithme avec replanification

L'algorithme le plus simple pour résoudre efficacement la recherche de plus court chemin multi-agents est de calculer le plus court chemin de chaque agent indépendamment des autres agents. Si les chemins trouvés ne créent pas de collisions, on a alors un résultat optimal. Toutefois, il arrive souvent sur des cartes difficiles que les chemins se croisent, surtout lorsque la carte comporte des passages étroits et qu'il y a beaucoup d'agents. Une solution est d'utiliser quand même les chemins individuels et de chercher à nouveau lorsque le chemin est impraticable à cause des autres agents. Le problème avec cet algorithme est qu'il ne résout pas les interblocages et les répétitions d'états.

Un problème difficile de planification multi-agents est donné figure 8.1 ; le but est que a_1, a_2 et a_3 échangent de places avec a_4, a_5 et a_6. L'agent a_4 doit aller à la place de a_1, a_5 en a_2 et a_6 en a_3. L'algorithme optimal est capable de résoudre le problème de la figure 8.1 alors que la replanification n'en est pas capable.

Concernant le problème de la figure 8.2 l'agent a_1 doit aller en g_1 et l'agent a_2 doit aller en g_2. Or a_1 est sur le chemin de a_2 et réciproquement. Chaque agent va alors

		g_1					
□	□			□	□	□	□
□	□			□	□	□	□
□	□	a_2		□	□	□	□
□	□	a_1		□	□	□	□
□	□			□	□	□	□
□	□			□	□	□	□
		g_2					

TABLE 8.2 – Interblocage dans un couloir avec 2 agents

replanifier son chemin en prenant en compte la position de l'autre agent. Le nouveau plus court chemin de a_1 commencera par se déplacer vers la droite, de même pour a_2. Après ce premier déplacement, les deux agents seront de nouveau en interblocage. Ils se déplaceront alors vers la gauche et se retrouveront dans la même position qu'auparavant. On a alors un cycle d'interblocages.

Pour éviter les cycles on peut utiliser un niveau d'agitation de l'agent. À chaque fois qu'il doit replanifier, son niveau d'agitation augmente ce qui revient à ajouter du bruit à son heuristique. Les agents agiront ainsi de plus en plus aléatoirement au fur et à mesure des interblocages ce qui peut permettre de les débloquer. Le problème avec cette stratégie est qu'elle peut rester bloquée longtemps lorsqu'il y a beaucoup d'agents et que chaque agent exécute un A* à chaque déplacement [85] ce qui conduit à des comportements peu intelligents et lents.

8.4.3 Recherche coopérative

La recherche coopérative [82] calcule chaque chemin individuellement. Elle effectue les recherches dans on ordre determiné des agents. Après chaque nouveau chemin calculé, les positions par lesquelles passe l'agent sont réservées dans une table de réservation. Un état comprend une position et un temps auquel cette position est occupée. Plutôt que de représenter tous les états possibles, on utilise une table de hachage pour stocker les états réservés. Les chemins des agents suivants connaissent les réservations et les évitent.

Il arrive toutefois que le chemin réservé par un agent empèche les agents suivants de trouver un chemin. La recherche coopérative ne peut pas résoudre le problème de la figure 8.1 par exemple. Elle permet toutefois de résoudre le problème de la figure 8.2.

Les problèmes rencontrés par la recherche coopérative sont par exemple quand un agent atteint son but dans un couloir et empèche les autres agents de passer, ou quand l'ordre des agents fixé une fois pour toutes empèche de trouver une solution. De plus cette recherche est coûteuse en temps. L'algorithme peut être amélioré en variant l'ordre des agents et en intercalant la planification avec les actions. La recherche avec une fenêtre [82] est une solution à ces problèmes. Elle consiste à faire la recherche à une profondeur fixée puis à éxécuter pendant quelques pas de temps le plan partiel trouvé par cette recherche, puis à replanifier de nouveau à profondeur fixée.

8.4.4 Recherche temps-réél

La recherche temps-réél permet de faire face au problème de l'observation partielle de l'environnement. Elle consiste à intercaler la planification et l'action. Real Time A* (RTA*), Learning Real Time A* (LRTA*) [54] et Moving Target Search [46] sont des algorithmes de recherche temps réél.

RTA* consiste à évaluer heuristiquement tous les voisins et à se déplacer vers le voisin qui a la meilleure évaluation.

Une amélioration de RTA* est Learning Real Time A* qui met à jour l'évaluation heuristique de chaque état lorsque les déplacements amènent à se rendre compte que l'heuristique admissible était trop optimiste. Ainsi si un état a une évaluation de 3 et que le meilleur déplacement coute 1 et se déplace vers un état qui a une évaluation de 3, on peut augmenter l'évaluation du premier état de 3 à 4. LRTA* est sûr de trouver le but dans un espace d'états fini.

Algorithm 8 Recherche d'un chemin sur une carte avec l'algorithme LRTA*

```
nouvellePosition (prevPos, pos)
if prevPos ≠ pos then
   best ← heuristique [pos] + 1
   for tous les voisins de prevPos do
      if heuristique [voisin] + 1 < best then
         best ← heuristique [voisin] + 1
      end if
   end for
   heuristique [prevPos] ← best
end if
retourner le voisin qui a la plus petite valeur pour heuristique[voisin]

LRTA* (pos)
for tous les points de la carte do
   heuristique [point] ← h(point)
end for
prev ← pos
while pos ≠ arrivee do
   p ← pos
   pos ← nouvellePosition (prev, pos)
   prev ← p
end while
```

Une preuve de complétude de LRTA* [45] utilise la fonction $h^*(x)$ qui donne pour l'état x le coût du plus court chemin vers le but. On a toujours $h(x) < h^*(x)$ puisque h est admissible. De plus chaque mise à jour du tableau heuristique conserve l'admissibilité ; on a donc toujours $heuristique[x] < h^*(x)$. Si on définit l'erreur globale comme la somme pour tous les états de $h^*(x) - heuristique[x]$ et la disparité comme la somme de l'erreur globale et de $heuristique[x]$ pour l'état courant de LRTA*. A chaque coup, cette valeur ne peut que décroitre. Or lorsqu'elle atteint 0 le problème est résolu. Le problème sera donc résolu par LRTA*.

8.4.5 Recherche avec cible mouvante

La recherche avec cible mouvante est une généralisation de LRTA* au cas où la cible bouge. La recherche doit alors avoir un heuristique pour chaque position possible de la cible. On utilise donc une table $heuristique(x, y)$ qui donne l'heuristique pour atteindre la cible y à partir de la position x. $heuristique(x, y)$ est initialisée avec l'heuristique admissible initiale h.

Pour déplacer le chasseur on appelle nouvellePosition, et on appelle deplaceCible lorsque la cible se déplace.

Algorithm 9 Recherche d'un chemin sur une carte avec cible mouvante

nouvellePosition $(cible, pos)$
for tous les voisins de pos **do**
  if heuristique $(voisin, cible)$ + $1 < best$ **then**
    $best \leftarrow$ heuristique $(voisin, cible)$ + 1
    $meilleurVoisin \leftarrow voisin$
  end if
end for
if heuristique $(pos, cible)$ + $1 < best$ **then**
  affecteHeuristique $(pos, cible, best)$
end if
retourner $meilleurVoisin$

deplaceCible $(prevCible, cible, pos)$
if heuristique $(pos, prevCible) <$ heuristique $(pos, cible)$ - 1 **then**
  affecteHeuristique $(pos, prevCible,$ heuristique $(pos, cible)$ - 1)
end if

8.5 Corrigés des exercices

8.5.1 Dijkstra

```
#include <stdio.h>
#include <string.h>
#include <stdlib.h>
```

```
#include <timc.h>
#include <math.h>
#include <list>
using namespace std;

const int MaxEdge = 1000;

int map [MaxEdge] [MaxEdge];
int width = 40, height = 40;

class Point {
 public :
  int x, y;

  void set (int x1, int y1) {
    x = x1;
    y = y1;
  }

  void random () {
    x = (rand () / (RAND_MAX + 1.0)) * width;
    y = (rand () / (RAND_MAX + 1.0)) * height;
  }

  void print (FILE *fp) {
    fprintf (fp, "(%d,%d)\n", x, y);
  }

  bool operator == (Point p) {
    return ((x == p.x) && (y == p.y));
  }

  bool operator != (Point p) {
    return ((x != p.x) || (y != p.y));
  }
};

void fillMap (int nbPoints) {
  for (int i = 0; i < height; i++)
    for (int j = 0; j < width; j++)
      map [i] [j] = 0;

  int x, y;
  for (int i = 0; i < nbPoints; i++) {
    x = (rand () / (RAND_MAX + 1.0)) * width;
    y = (rand () / (RAND_MAX + 1.0)) * height;
    while (map [x] [y] == 1) {
```

```
      x = (rand () / (RAND_MAX + 1.0)) * width;
      y = (rand () / (RAND_MAX + 1.0)) * height;
    }
    map [x] [y] = 1;
  }
}

int g [MaxEdge] [MaxEdge];

list<Point> stackAt [MaxEdge * MaxEdge];

int nodes = 0;

int dijkstra (Point start, Point goal) {
  for (int i = 0; i < height; i++)
    for (int j = 0; j < width; j++)
      g [i] [j] = -1;

  for (int i = 0; i < height * width; i++)
    stackAt [i].clear ();

  nodes = 1;
  int currentg = 0;

  Point current = start;
  g [start.x] [start.y] = 0;
  while (current != goal) {
    nodes++;
    Point p [4];
    p [0].set (current.x + 1, current.y);
    p [1].set (current.x - 1, current.y);
    p [2].set (current.x, current.y + 1);
    p [3].set (current.x, current.y - 1);
    for (int i = 0; i < 4; i++)
      if ((p [i].x >= 0) && (p [i].x < width) &&
          (p [i].y >= 0) && (p [i].y < height))
        if (map [p [i].x] [p [i].y] == 0) {
          if (g [p [i].x] [p [i].y] == -1) {
            g [p [i].x] [p [i].y] = currentg + 1;
            stackAt [currentg + 1].push_back (p [i]);
          }
          else if (g [p [i].x] [p [i].y] > currentg + 1) {
            g [p [i].x] [p [i].y] = currentg + 1;
            stackAt [currentg + 1].push_back (p [i]);
            fprintf (stderr, "+");
          }
        }
```

```
    while (stackAt [currentg].size () == 0) {
      currentg++;
      if (currentg >= height * width)
        return currentg;
    }
    current = stackAt [currentg].back ();
    stackAt [currentg].pop_back ();
  }
  return currentg;
}
```

8.5.2 A*

A* est une généralisation de Dijkstra car A* avec $h = 0$ simule l'algorithme de Dijkstra.

Ne pas ré-explorer les points déjà atteints par un chemin plus court ou de longueur égale au chemin courant est important dans la recherche de plus court chemin sur une carte.

Une méthode simple pour ne pas ré-étudier ces points est de parcourir la liste des noeuds de A* pour vérifier si le point a déjà été atteint avec un chemin plus court. Toutefois cette méthode devient vite inefficace lorsque le nombre de noeuds de A* grandit.

On peut tirer partie de la taille réduite en mémoire des cartes de jeux pour utiliser un tableau de la taille de la carte qui mémorise le plus court chemin étudié pour chaque point. On appelle ce tableau g puisqu'il contient pour chaque point le plus petit g qui a conduit à ce point. A chaque passage par le point, la valeur de g de la feuille est comparée à ce plus court chemin. Si le g de la feuille est strictement plus petit, la valeur est remplacée et la recherche continue. Si g est plus grand ou égal au plus court chemin, la recherche est arrétée. Notez qu'on peut encore accélerer le programme en utilisant une initialisation paresseuse pour le tableau g.

Le code pour A* sur une carte est :

```
int manhattan (Point p, Point goal) {
  return abs (p.x - goal.x) + abs (p.y - goal.y);
}

class Node {
 public :
  Point p;
  int g;
};

list<Node> stackAtf [MaxEdge * MaxEdge];
```

```
int astar (Point start, Point goal) {
  for (int i = 0; i < height; i++)
    for (int j = 0; j < width; j++)
      g [i] [j] = -1;

  for (int i = 0; i < height * width; i++)
    stackAtf [i].clear ();

  nodes = 1;
  int currentf = 0;

  Node current, tmp;
  current.p = start;
  current.g = 0;
  g [start.x] [start.y] = 0;
  while (current.p != goal) {
    if (current.g <= g [current.p.x] [current.p.y]) {
      //if (true) {
      nodes++;
      Point p [4];
      p [0].set (current.p.x + 1, current.p.y);
      p [1].set (current.p.x - 1, current.p.y);
      p [2].set (current.p.x, current.p.y + 1);
      p [3].set (current.p.x, current.p.y - 1);
      for (int i = 0; i < 4; i++)
        if ((p [i].x >= 0) && (p [i].x < width) &&
            (p [i].y >= 0) && (p [i].y < height))
          if (map [p [i].x] [p [i].y] == 0) {
            int f = current.g + 1 +
                    manhattan (p [i], goal);
            if (f < currentf)
              fprintf (stderr, "not consistent");
            if (g [p [i].x] [p [i].y] == -1) {
              g [p [i].x] [p [i].y] = current.g + 1;
              tmp.p = p [i];
              tmp.g = current.g + 1;
              stackAtf [f].push_back (tmp);
            }
            else if (g [p [i].x] [p [i].y] >
                     current.g + 1) {
              g [p [i].x] [p [i].y] = current.g + 1;
              tmp.p = p [i];
              tmp.g = current.g + 1;
              stackAtf [f].push_back (tmp);
            }
          }
    }
```

```
    while (stackAtf [currentf].size () == 0) {
      currentf++;
      if (currentf >= height * width)
        return currentf;
    }
    current = stackAtf [currentf].back ();
    stackAtf [currentf].pop_back ();
  }
  return currentf;
}
```

Lorsque les déplacements diagonaux sont autorisés, en supposant que les déplacements horizontaux et verticaux coûtent 2 et que les déplacements diagonaux coûtent 3, l'heuristique de Manhattan devient :

```
int manhattan (Point p, Point goal) {
  int dx = abs (p.x - goal.x);
  int dy = abs (p.y - goal.y);
  return 3 * min (dx, dy) +
         2 * (max (dx, dy) - min (dx, dy));
}
```

8.5.3 L'heuristique triangulaire

Avec les deux équations on obtient :

$$\|D, A\| \geq |\|D, P\| - \|A, P\|| \tag{8.3}$$

D'où une heuristique admissible qui utilise les distances pré calculées :

$$h = |\|D, P\| - \|A, P\|| \tag{8.4}$$

L'implémentation de l'heuristique est la suivante :

```
const int nbPointsTriangular = 8;

Point pointTriangular [nbPointsTriangular];

int distFrom [nbPointsTriangular] [MaxEdge] [MaxEdge];

int manhattan (Point p, Point goal) {
  int h = abs (p.x - goal.x) + abs (p.y - goal.y);
  for (int i = 0; i < nbPointsTriangular; i++) {
```

```
    int ht = abs (distFrom [i] [p.x] [p.y] -
                  distFrom [i] [goal.x] [goal.y]);
    if (ht > h)
      h = ht;
  }
  return h;
}

void setTriangularPoint (int n, Point p) {
  pointTriangular [n] = p;
  Point noPoint;
  noPoint.set (-1, -1);
  dijkstra (pointTriangular [n], noPoint);
  for (int i1 = 0; i1 < height; i1++)
    for (int j1 = 0; j1 < width; j1++)
      distFrom [n] [i1] [j1] = g [i1] [j1];
}
```

Chapitre 9

Recherche de la solution la plus courte pour les puzzles

9.1 Introduction

Des problèmes très connus de recherche de solution la plus courte que nous abordons sont par exemple le Rubik's Cube, le Taquin ou le voyageur de commerce.

Pour résoudre ces problèmes on peut utiliser des algorithmes de force brute qui n'utilisent pas de connaissances du domaine. Pour les problèmes comme le Rubik's cube, le Taquin et Sokoban il est très utile d'utiliser des heuristiques spécifiques au domaine pour accélérer la recherche.

Nous commencerons par décrire les algorithmes de recherche qui n'utilisent pas de connaissances du domaine. Puis nous continuerons par les algorithmes de recherche heuristique comme A* et IDA* qui utilisent des connaissances du domaine.

9.2 Le voyageur de commerce

Un voyageur de commerce doit visiter un ensemble de villes. Il cherche à trouver le trajet le plus court qui passe par toutes les villes. Si il y a N villes à visiter, il a le choix entre $N-1$ villes pour sa première visite, $N-2$ pour sa deuxième et ainsi de suite. Une recherche exhaustive de tous les trajets possibles considérera donc $(N-1)!$ trajets possibles.

Un cycle hamiltonien d'un graphe connecté est un chemin qui visite tous les noeuds du graphe, sans passer deux fois par le même et qui se termine sur le noeud par lequel il

1	2	3
8		4
7	6	5

FIGURE 9.1 – Position finale au Taquin 3x3.

a commencé.

Le problème du voyageur de commerce est donc de trouver le plus petit cycle hamiltonien débutant sur une ville donnée, dans le graphe des villes.

Exercice : On dispose d'une matrice NxN appelée distance qui donne les distances entre les villes. La distance de la ville i à la ville j est donnée par distance [i] [j]. Le voyageur de commerce se trouve au début dans la ville numéro 0. Écrire un programme qui trouve le plus court trajet et le stocke dans un tableau meilleurTrajet de taille N + 1.

9.3 L'espace du problème

L'espace du problème est l'ensemble des états que peut prendre le problème et l'ensemble des coups qui permettent de passer d'un état à un autre. Un problème est un espace de problème associé à un état initial et à un état final. L'état initial est l'état dans lequel on commence la recherche, l'état final est celui que l'on cherche à atteindre.

On peut représenter l'espace d'un problème par un graphe. Les états du problème sont les noeuds du graphe, et les coups sont les arêtes du graphe. Le but de la résolution de problème est de trouver un chemin, si possible optimal, de l'état initial à l'état final.

Certains des algorithmes de ce chapitre développent des arbres de recherche dont la racine est l'état initial, et non des graphes. Cette simplification amène à recalculer plusieurs fois les noeuds du graphe que l'on peut atteindre par plusieurs chemins différents. Pour se retrouver dans le cas de graphes, et éviter ces recalculs, on peut ajouter aux algorithmes que nous verrons des tables de transposition.

9.4 Le Taquin

Un problème typique de recherche de plus court chemin dans un graphe d'états est le Taquin. Dans sa version 3x3, le but est de trouver une séquence minimale de coups qui permet d'atteindre la position de la figure 9.1.

1	2	3	4
5	6	7	8
9	10	11	12
13	14	15	

FIGURE 9.2 – Position finale au Taquin 4x4.

Un coup consiste à remplacer la case vide, par une de ses cases adjacentes qui devient alors à son tour vide. Trouver une solution optimale aux Taquins NxN est un problème NP-difficile.

La position finale du Taquin 4x4 est donnée dans la figure 9.2.

Exercice : Définir une classe Position qui représente une position au Taquin 4x4 à l'aide d'un tableau unidimensionnel. On définira un coup dans une position par un entier qui correspond à la case que l'on veut bouger. Écrire les fonctions membres de cette classe pour initialiser la position, jouer un coup, et une fonction qui pour mélanger la position joue au hasard un nombre de coups donné en paramètre, à partir de la position finale.

9.5 Les heuristiques admissibles

Les heuristiques que nous utiliserons pour le calcul de plus court chemin dans les jeux évaluent la plupart du temps le nombre de coups qui reste à jouer.

Une heuristique est admissible si elle ne surestime jamais la longueur du plus court chemin qui reste à parcourir avant d'atteindre la position finale. Une heuristique admissible donne toujours une valeur plus petite ou égale à la valeur du plus court chemin. Pour chaque noeud on peut calculer une fonction f qui estime une borne minimale sur la longueur totale du chemin qui passe par ce noeud pour aller à la position finale.

Pour chaque position p on calcule une évaluation : $f(p) = g(p) + h(p)$. La fonction $g(p)$ est la longueur du chemin parcouru pour atteindre la position courante à partir de la position initiale ; $h(p)$ est une heuristique admissible qui estime la longueur minimale du chemin qui reste à parcourir avant d'arriver à la position finale depuis la position courante. $f(p)$ est donc une borne inférieure sur la longueur finale minimale du chemin qui passe par la position courante.

Une heuristique admissible simple et efficace pour le Taquin est la distance de Manhattan. Pour la calculer on fait la somme, pour chaque case non vide, du nombre de coups qu'il faudrait pour déplacer la case vers sa case finale si toutes les autres cases étaient vides.

2	6	9	4
14	10		15
5	1	11	8
7	3	13	12

FIGURE 9.3 – Une position au Taquin 4x4.

Exercice : Quelle valeur renvoie l'heuristique de Manhattan pour la position de la figure 9.3 ? Modifier la classe Position pour mettre à jour à chaque coup l'heuristique de Manhattan. Écrire ensuite une fonction membre de Position qui permet de détecter la position finale.

9.6 L'algorithme A*

L'algorithme A* [41] accélère la recherche de plus court chemin à l'aide d'heuristiques admissibles. Le choix d'une bonne heuristique admissible est le paramètre qui influence le plus l'efficacité de A*. D'une manière générale, on cherche à définir des heuristiques admissibles qui renvoient les plus grandes valeurs possibles tout en restant admissibles (c'est à dire en renvoyant toujours une valeur plus petite que la valeur du plus court chemin entre la position courante et la position finale).

Dans l'implémentation de A*, on utilise deux ensembles de noeuds : l'ensemble O des ouverts et l'ensemble F des fermés. Un noeud correspond à une position et les arcs orientés entre les noeuds à des coups. O contient tous les noeuds qui n'ont pas de fils, autrement dit toutes les feuilles de l'arbre. F contient tous les noeuds qui ont eu des fils, autrement dit, tous les noeuds internes de l'arbre. On définit pour chaque noeud une fonction f qui est un minorant du plus court chemin passant par le noeud. On calcule f en sommant la taille du chemin déjà parcouru nommé g et l'heuristique admissible nommée h. A chaque étape du développement de l'arbre de recherche, on choisit de développer, parmi les ouverts, le noeud qui a la fonction f minimale. L'algorithme se termine quand la position finale est atteinte. On peut voir que l'algorithme trouve bien le plus court chemin, puisque tous les ouverts qui restent lorsqu'on a atteint la position finale ont des chemins de taille supérieure au chemin trouvé.

Exercice : Écrire une classe pour représenter un noeud de l'arbre de recherche.

Exercice : On veut disposer d'une fonction qui insère un noeud à la bonne place dans l'ensemble des ouverts trié par rapport à f. Programmer la fonction `void insere (Noeud * noeud)` de façon à ce que l'insertion et la recherche d'un noeud de plus petit f se fasse le plus rapidement possible.

On veut aussi disposer d'une fonction qui développe un noeud. Elle crée tous ses fils, les insère dans l'ensemble des ouverts, et met le noeud développé dans l'ensemble des fermés.

Exercice : Écrire pour le Taquin 4x4 la fonction `Noeud * meilleur ()` qui renvoie un ouvert avec un f minimal, et la fonction `bool developpe (Noeud * noeud)` qui développe l'ouvert qui a le plus petit f, et qui retourne false si il n'y a plus de noeuds à développer.

L'algorithme A* commence par initialiser l'ensemble des ouverts avec la position de départ. L'ensemble des fermés est vide. L'algorithme s'arrête lorsqu'on a atteint la position finale ou lorsque la fonction `bool developpe (Noeud * noeud)` renvoie $false$.

Exercice : Écrire l'algorithme A* pour le Taquin 4x4 à l'aide des fonctions précédentes.

9.7 L'algorithme IDA*

L'inconvénient principal de A* est qu'il nécessite de grandes quantités de mémoire. Comme l'information minimale qu'on doit garder en mémoire est la liste des ouverts, A* dépasse rapidement les capacités mémoires des machines actuelles pour des problèmes assez simples. Cela ne pose pas de problème pour le Taquin 3x3, mais un Taquin 5x5 peut remplir la mémoire disponible.

L'algorithme IDA* [52] permet de résoudre le problème de mémoire de A* tout en gardant l'optimalité de la solution. IDA* est un acronyme pour Iterative Deepening A*. Chaque itération de l'algorithme est une recherche en profondeur d'abord qui calcule dynamiquement $f(Position) = g(Position) + h(Position)$ pour chaque noeud développé. Dès que la fonction f d'un noeud excède le seuil propre à l'itération, le noeud est coupé, et la recherche continue sur les autres chemins non coupés.

Le seuil est initialisé avec l'évaluation heuristique h de l'état initial. A chaque itération, le seuil est incrémenté. L'algorithme se termine lorsque un état final est atteint.

Exercice : Programmez l'algorithme IDA* pour le Taquin 4x4.

9.8 Le Rubik's cube

Le Rubik's cube peut être résolu pratiquement instantanément par un programme qui utilise des macro coups. Ce sont des suites de coups qui échangent deux cubes sans modifier la place des autres. Nous nous intéressons à la résolution optimale du Rubik's cube qui est plus difficile. La résolution optimale consiste à trouver une solution contenant le plus petit nombre de coups possibles.

Le Rubik's Cube se prête bien à une résolution par IDA* [56]. Le coût des recherches exhaustives à une profondeur inférieure à celle du seuil n'est que de 8% du coût de la recherche à la profondeur du seuil. L'utilisation de IDA* dans ce cas est donc justifiée. Elle est même nécessaire étant donné le très grand nombre de noeuds à développer pour les profondeurs utiles.

Exercice : Trouver une heuristique admissible simple basée sur la distance de Manhattan pour le Rubik's cube. Est il possible de l'améliorer simplement ?

9.9 Corrigés des exercices

9.9.1 Le voyageur de commerce

Nous donnons un programme simple et naïf pour résoudre le voyageur de commerce. Il existe une vaste littérature sur le sujet. Les lecteurs intéressés par ce problème peuvent se référer à [71] par exemple.

```
const int N = 10;

int distance [N] [N];
bool visitee [N];
int meilleurTrajet [N + 1];
int meilleurCout;

void plusCourtTrajet (int depth, int coutChemin,
                      int trajet [N + 1]);

void voyageur () {
  int trajet [N + 1];
  for (int i = 0; i < N; i++)
    visitee [i] = false;
  visitee [0] = true;
  trajet [0] = 0;
  meilleurCout = MAXINT;
  plusCourtTrajet (1, 0, trajet);
}

void plusCourtTrajet (int depth, int coutChemin,
                      int trajet [N + 1]) {
  if (depth == N) {
    trajet [N] = 0;
    coutChemin += distance [trajet [N - 1]] [0];
```

```
    if (coutChemin < meilleurCout) {
      meilleurCout = coutChemin;
      for (int i = 0; i <= N; i++)
        meilleurTrajet [i] = trajet [i];
    }
  }
  else
    for (int i = 1; i < N; i++)
      if (!visitee [i]) {
        trajet [depth] = i;
        visitee [i] = true;
        plusCourtTrajet (depth + 1, coutChemin +
                         distance [trajet [depth - 1]] [i],
                         trajet);
        visitee [i] = false;
      }
}
```

9.9.2 L'algorithme A* pour le Taquin

On définit la classe Position comme suit :

```
int coupsPossibles [16] [5] =
  {{2, 1, 4, 0, 0}, {3, 0, 5, 2, 0}, {3, 1, 6, 3, 0},
   {2, 2, 7, 0, 0},
  {{3, 0, 5, 8, 0}, {4, 1, 4, 6, 9}, {4, 2, 5, 7, 10},
   {3, 3, 6, 11, 0},
  {{3, 4, 9, 12, 0}, {4, 5, 8, 10, 13},
   {4, 6, 9, 11, 14}, {3, 7, 10, 15, 0},
  {{2, 8, 13, 0, 0}, {3, 9, 12, 14, 0},
   {3, 10, 13, 15, 0}, {2, 11, 14, 0, 0}};

class Position {
  char _pos [16];
  char _vide;
 public :
  init () {
    for (int i = 0; i < 15; i++)
      _pos [i] = i + 1;
    _pos [15] = 0;
    _vide = 15;
  }
  void joue (int coup) {
    _pos [_vide] = _pos [coup];
    _pos [coup] = 0;
    _vide = coup;
```

```
  }
  void melange (int nbCoups) {
    init ();
    for (int i = 0; i < nbCoups; i++) {
      int coupChoisi = 1 + rand () %
                           coupsPossibles [_vide] [0];
      joue (coupsPossibles [_vide] [coupChoisi]);
    }
  }
  char vide () { return _vide; }
};
```

Il y a un coup à jouer pour amener la case 2 vers sa position finale, un coup pour la case 6, 4 coups pour la case 9, etc.

Réponse : h = 1 + 1 + 4 + 0 + 3 + 1 + 0 + 3 + 1 + 3 + 0 + 1 + 4 + 4 + 2 + 1 = 29.

On modifie la classe Position comme suit pour avoir une heuristique admissible :

```
#define absolue(x) ((x)>0?(x):-(x))

int x [16] = {0, 1, 2, 3, 0, 1, 2, 3,
              0, 1, 2, 3, 0, 1, 2, 3};
int y [16] = {0, 0, 0, 0, 1, 1, 1, 1,
              2, 2, 2, 2, 3, 3, 3, 3};

class Position {
  char _pos [16];
  char _vide;
  char _h;
 public :
  Position () {
    for (int i = 0; i < 15; i++)
      _pos [i] = i + 1;
    _pos [15] = 0;
    _vide = 15;
    _h = 0;
  }
  void joue (int coup) {
    _h -= absolue (x [coup] - x [_pos [coup] - 1]) +
          absolue (y [coup] - y [_pos [coup] - 1]);
    _h += absolue (x [_vide] - x [_pos [coup] - 1]) +
          absolue (y [_vide] - y [_pos [coup] - 1]);
    _pos [_vide] = _pos [coup];
    _pos [coup] = 0;
    _vide = coup;
  }
  bool finale () { return _h == 0; }
```

```
};
```

La structure d'un noeud de l'arbre de recherche est la suivante :

```
class Noeud {
  Position _p;
  int _g, _h;

  public :
  Noeud *parent, *suivant;

  Noeud () {
    suivant = NULL;
  }
  void init (const Position & p, int g) {
    _p = p;
    _g = g;
    _h = p.h ();
  }
  int f () { return _g + _h; }
  bool final () { return _p.finale (); }
  void joue (int coup) {
    _p.joue (coup);
    _g++;
    _h = _p.h ();
  }
};
```

On utilise un tableau de piles pour représenter l'ensemble des ouverts. Un indice dans le tableau correspond à une valeur de f. L'insertion se fait en temps constant, et la recherche dans le tableau du noeud qui a le plus petit f est aussi très rapide.

```
// valeur maximum de f
const int MaxLength = 1000;

// une pile d'ouverts par f possible
Noeud ouverts [MaxLength + 1];

void insere (Noeud * noeud) {
  Noeud * tmp = & ouverts [noeud->f ()];

  noeud->suivant = tmp->suivant;
  tmp->suivant = noeud;
}
```

On suppose que f est toujours croissante, ce qui est vrai pour de nombreuses fonctions h, notamment dans le cas du Taquin. Les fonctions meilleur et developpe s'écrivent comme suit :

```
int fcourant = 0;
Noeud fermes;

Noeud * meilleur () {
  while (ouverts [fcourant].suivant == NULL &&
         fcourant < MaxLength)
    fcourant++;
  return ouverts [fcourant].suivant;
}

bool developpe (Noeud * noeud) {
  // On ote le noeud développé de l'ensemble des Ouverts
  ouverts [noeud->f ()].suivant = noeud->suivant;

  // on insere les fils dans les ouverts
  for (int i = 1; i <= coupsPossibles [noeud->vide ()] [0];
       i++) {
    Noeud * tmp = new Noeud (noeud);
    if (tmp == NULL) {
      fprintf (stderr, "Abandon,␣mémoire␣saturée\n");
      return false;
    }
    tmp->parent = noeud;
    tmp->joue (coupsPossibles [noeud->vide ()] [i]);
    insere (tmp);
  }

  // On l'ajoute à l'ensemble des fermes
  noeud->suivant = fermes.suivant;
  fermes.suivant = noeud;

  return true;
}
```

D'où l'algorithme A* :

```
int AEtoile (Position & p) {
  Noeud * racine = new Noeud;

  racine->init (p, 0);
  insere (racine);

  Noeud * noeud = meilleur ();
  while (true) {
    if (!developpe (noeud))
      return -1;
```

```
    noeud = meilleur ();
    if (noeud == NULL)
      return -1;
    if (noeud->final ())
      break;
  }
  return noeud->f ();
}
```

9.9.3 L'algorithme IDA* pour le Taquin

```
Position pos;
int seuil;

bool IDAEtoileRecursif (int g);

int IDAEtoile () {
  bool trouve = false;
  for (seuil = pos.h (); seuil < MaxLength && !trouve;
       seuil++)
    trouve = IDAEtoileRecursif (0);
  return seuil;
}

bool IDAEtoileRecursif (int g) {
  if (g + pos.h () > seuil)
    return false;
  if (pos.finale ())
    return true;

  char vide = pos.vide ();
  for (int i = 1; i <= coupsPossibles [vide] [0]; i++) {
    pos.joue (coupsPossibles [vide] [i]);
    if (IDAEtoileRecursif (g + 1))
      return true;
    pos.joue (vide);
  }
  return false;
}
```

9.9.4 Le Rubik's cube

Le Rubik's cube contient 20 cubes, 8 cubes de coin et 12 cubes de bord. Une heuristique admissible pour la fonction h utilise la somme des distances de Manhattan entre les cubes et leurs états finaux [56]. On doit donc calculer pour chaque cube le nombre minimal de coups nécéssaires pour le mettre à sa place dans la bonne orientation. On fait alors la somme de tous ces nombres de coups pour tous les cubes. Toutefois, chaque rotation fait bouger 4 cubes de coin et 4 cubes de bord, donc pour que la valeur soit admissible, on doit la diviser par 8.

$$h_1 = \frac{\sum_{c \in Cube} Manhattan(c)}{8}$$

Une meilleure heuristique admissible est de prendre le maximum des distances de Manhattan des cubes de coin, et des cubes de bord divisées toutes les deux par 4.

$$h_2 = max(\frac{\sum_{c \in CubesBord} Manhattan(c)}{4}, \frac{\sum_{c \in CubesCoin} Manhattan(c)}{4})$$

On a en effet toujours $h_1 \leq h_2$.

Chapitre 10

Bases de patterns

L'analyse rétrograde (cf chapitre 7) peut être utilisée pour calculer des bases de patterns qui permettent d'accélérer la résolution de problèmes. Un pattern est un sous-ensemble d'une position.

10.1 Le Taquin

La fonction h a une grande influence sur l'efficacité de A* : plus les valeurs renvoyées par h sont élevées (tout en restant admissibles), plus A* trouvera la solution rapidement. La fonction utilisée traditionnellement pour calculer une heuristique admissible pour le Taquin est la distance de Manhattan. On peut améliorer h en utilisant les bases de données de patterns.

Pour construire une base de patterns pour le Taquin, on choisit un sous-ensemble des pièces, et on calcule pour chaque arrangement possible de ce sous ensemble le nombre minimal de déplacements qu'il est nécessaire de faire pour remettre toutes les pièces du sous-ensemble à leurs places.

Les patterns engendrés donnent un chemin minimal jusqu'à la position finale qui est plus grand que la distance de Manhattan, mais plus petit que le nombre réel. Pour évaluer le chemin qui reste à parcourir jusqu'à la position finale depuis une position donnée, le programme reconnaît tous les sous-buts qu'il a calculé sur la position, et l'heuristique admissible consiste à prendre le maximum de toutes les valeurs calculées pour ces sous-buts. L'utilisation de bases de données de patterns permet de résoudre les problèmes de Taquin 4x4 avec mille fois moins de noeuds [30].

Prenons pour exemple le Taquin 4x4. On décide de calculer toutes les configurations des 7 premières pièces.

Exercice : Quelle est la taille de la base de patterns qu'on va engendrer ?

Exercice : Écrire un algorithme qui permet d'engendrer cette base de patterns. Écrire tout d'abord les variables nécessaires. On veut aussi une fonction qui code une position, c'est à dire qui fasse une bijection entre entiers et positions. Écrire ensuite un algorithme qui engendre toutes les configurations possibles et qui teste tous les coups possibles de chaque configuration pour trouver si la configuration est à une distance donnée. Écrire ensuite la fonction principale d'analyse rétrograde.

10.2 Le Rubik's cube

Dans son article de 1985 [53], R. Korf donne une méthode qui permet à un programme d'apprendre à résoudre presque instantanément des problèmes de Rubik's Cube. Pour cela son programme apprend des macro-coups qui échangent des cubes à certaines positions sans changer la configuration des autres cubes. Le programme résout instantanément après apprentissage tous les problèmes de Rubik's Cube en utilisant en moyenne 85 coups.

Un problème beaucoup plus difficile est de trouver des solutions optimales au Rubik's Cube. Une solution optimale est la plus petite séquence de coups permettant de résoudre un cube. La recherche de solutions optimales au Rubik's Cube est un problème résoluble par IDA*. On peut pour cela utiliser des bases de données de patterns afin de mieux évaluer la fonction h [56].

Par exemple, On peut créer des patterns qui ne contiennent que les 8 cubes de coins, la position et l'orientation du dernier cube est déterminée par la position et l'orientation des cubes précédents.

Exercice : Combien y a-t-il de combinaisons possibles des 8 cubes de coin ?

On peut énumérer ces patterns dans une base de données et leur associer le nombre de coups nécessaires pour atteindre la position finale. Le nombre de coups varie de 0 à 11, on utilise donc 4 bits pour stocker un nombre, la table utilise alors 42 Mo de mémoire. La valeur moyenne de h pour cette table est de 8.764 comparée a 5.5 pour la distance de Manhattan.

Exercice : Combien y a-t-il de combinaisons possibles pour des patterns composés de 6 des 12 cubes de bord ?

Pour utiliser ces deux heuristiques à la fois, la seule façon de faire est de prendre le maximum des deux pour h. La combinaison d'IDA* et des bases de données de patterns permet de résoudre optimalement pratiquement tous les problèmes de Rubik's cube. Sans les bases de données de patterns la résolution est beaucoup plus lente.

10.3 Les bases de patterns additives

On peut faire mieux que prendre le maximum des distances précalculées. Si deux bases de patterns ne contiennent que des pièces différentes, on peut additionner les distances [33].

Exercice : Trouver une heuristique additive simple pour le Taquin 4x4.

10.4 La compression de bases de patterns

Lorsqu'une base de patterns a une taille trop grande pour être contenue en mémoire vive, on peut la compresser [34]. Pour cela, on choisit un sous ensemble des pièces de la base la plus grande, et on calcule pour chaque configuration du sous ensemble la distance minimale sur toutes les configurations du sur ensemble contenant la configuration du sous ensemble. Par exemple, si on a calculé toutes les distances des 9 premières pièces du Taquin, on calcule pour chaque configuration de 7 pièces la distance minimum sur toutes les configurations à 9 pièces qui contiennent la configuration à 7 pièces. Cette distance compressée est plus grande que la distance de la base de 7 pièces et donne donc une meilleur heuristique admissible.

10.5 Sokoban

Sokoban est un jeu a un joueur, amusant mais difficile. Le principe est qu'un robot cherche à ranger des caisses dans un labyrinthe en les poussant vers des emplacements cible. Il n'est possible de pousser qu'une seule caisse à la fois. Si deux caisses sont voisines au bord cela forme un interblocage, aucune des deux caisses ne peut plus être déplacée et le problème devient insoluble. Il existe une multitude d'autres interblocages. Une façon de se prémunir contre les interblocages d'un labyrinthe et de les énumérer avec de l'analyse rétrograde et de construire une base de patterns des interblocages spécifiques à un labyrinthe [27]. Détecter ainsi les interblocages permet à IDA* d'être plus efficace en arrêtant la recherche dès qu'une position est prouvée insoluble.

10.6 La vie et la mort au jeu de Go

Avec l'analyse rétrograde, on peut aussi construire des bases de patterns pour les jeux à deux joueurs. Ainsi pour accélérer la résolution de problèmes de vie et de mort au jeu de Go, on peut engendrer des patterns relativement petits répertoriant les positions vivantes plusieurs coups à l'avance [14, 19, 23]. Ces patterns permettent d'accélérer notablement la résolution de problèmes de vie et de mort.

10.7 Corrigés des exercices

10.7.1 Le Taquin

La taille de la base de patterns engendrée est de $16^7 = 2^{28} = 268435456$, soit 256 Mo.

On peut diminuer la taille à $\frac{16!}{9!}$ mais l'indice d'une position est alors plus difficile à calculer. On peut toutefois précalculer les indices de début pour chaque position de la première pièce.

Pour coder les positions et initialiser la base on écrit les fonctions suivantes :

```
const int Taille = 268435457;
const int Size = 16;

int Pieces = 7;
int casePiece [Size];
unsigned char distance [Taille];

unsigned long long code () {
  unsigned long long h = 0;
  for (int i = 1; i < Pieces + 1; i++) {
    h = h << 4;
    h |= casePiece [i];
  }
  return h;
}

void init () {
  for (int i = 0; i < Taille; i++)
    distance [i] = 255; // distance inconnue
  for (int i = 0; i < Pieces; i++)
    casePiece [i + 1] = i;
  distance [code ()] = 0;
}
```

Pour engendrer toutes les configurations possibles et les tester on écrit :

```
int contenuCase [Size];

unsigned char distanceCourante = 0;

bool testeConfiguration () {
  bool trouve = false;
  if (distance [code ()] != 255)
    return false;
```

```
  for (int i = 0; i < Size; i++)
    if (contenuCase [i] != 0) {
      if ((i > 3) && (contenuCase [i - 4] == 0)) {
        casePiece [contenuCase [i]] = i - 4;
        if (distance [code ()] == distanceCourante)
          trouve = true;
        casePiece [contenuCase [i]] = i;
      }
      if ((i < 12) && (contenuCase [i + 4] == 0)) {
        casePiece [contenuCase [i]] = i + 4;
        if (distance [code ()] == distanceCourante)
          trouve = true;
        casePiece [contenuCase [i]] = i;
      }
      if ((i % 4 != 0) && (contenuCase [i - 1] == 0)) {
        casePiece [contenuCase [i]] = i - 1;
        if (distance [code ()] == distanceCourante)
          trouve = true;
        casePiece [contenuCase [i]] = i;
      }
      if (((i + 1) % 4 != 0) && (contenuCase [i + 1] == 0)) {
        casePiece [contenuCase [i]] = i + 1;
        if (distance [code ()] == distanceCourante)
          trouve = true;
        casePiece [contenuCase [i]] = i;
      }
    }
  if (trouve)
    distance [code ()] = distanceCourante + 1;
  return trouve;
}

bool engendre (int piece) {
  bool trouve = false;
  if (piece == Pieces)
    for (int i = 0; i < Size; i++)
      contenuCase [i] = 0;
  if (piece == 0)
    return testeConfiguration ();
  for (int i = 0; i < Size; i++)
    if (contenuCase [i] == 0) {
      contenuCase [i] = piece;
      casePiece [piece] = i;
      if (engendre (piece - 1))
        trouve = true;
      contenuCase [i] = 0;
    }
```

```
  return trouve;
}
```

Ce qui permet de faire l'analyse rétrograde :

```
void analyseRetrograde () {
  init ();
  distanceCourante = 0;
  while (engendre (Pieces))
    distanceCourante++;
}
```

10.7.2 Le Rubik's cube

Il y a $8!.3^7 = 88179840$ combinaisons possibles des 8 cubes de coin.

Pour les cubes de bord, le nombre de combinaisons possibles pour 6 des 12 cubes est $12!/6!.2^6 = 42577920$, d'où une table de 20Mo.

10.7.3 Bases additives

Une heuristique admissible au Taquin 4x4 consiste à additionner la distance précalculée des 7 premières pièces à celle des 7 dernières pièces et à la distance de Manhattan de la dernière pièce.

Chapitre 11

Méthodes de Monte-Carlo pour les jeux à un joueur

11.1 Introduction

Les applications des méthodes de Monte-Carlo sont nombreuses et vont de la physique à la finance. Utiliser les méthodes de Monte-Carlo pour les jeux à un joueur consiste à faire de nombreuses parties aléatoires et à mémoriser la partie qui a amené au meilleur score. Elles ont permis par exemple d'établir des records du monde au Morpion Solitaire. Elles s'appliquent aussi à SameGame, au Sudoku ou au Kakuro.

11.2 Recherche Monte-Carlo imbriquée

La recherche Monte-Carlo imbriquée [25] comporte plusieurs niveaux de recherche. Au niveau le plus bas, elle joue des parties aléatoires. Pour les niveaux supérieurs, le coup d'un niveau est choisi de la façon suivante : chaque coup possible est essayé et suivi d'un recherche de niveau inférieur qui donne un score ; le coup qui amène au meilleur score est choisi.

Au niveau zéro, la recherche Monte-Carlo joue des parties aléatoires (des playouts, cf algorithme 10). Lorsqu'une partie aléatoire est terminée l'algorithme renvoie le score obtenu.

Pour les niveau supérieurs à zéro, l'algorithme est l'algorithme 11. A chaque coup de niveau n, on joue le coup qui a donné le meilleur résultat au niveau $n-1$.

Exercice : Calculer la complexité d'une recherche Monte-Carlo imbriquée de niveau

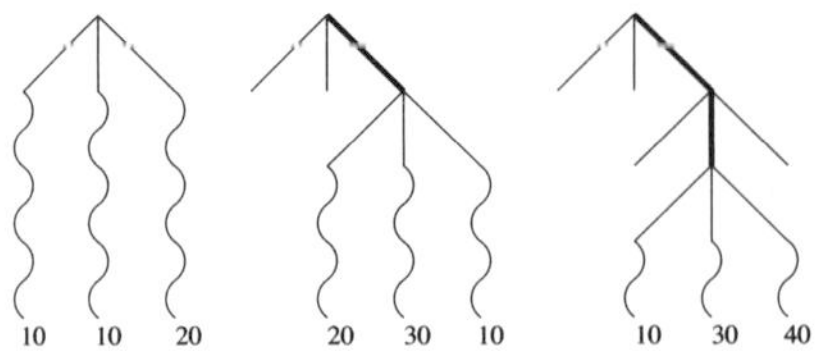

FIGURE 11.1 – A chaque étape d'une recherche de niveau n, on fait une recherche de niveau $n - 1$ (lignes ondulées) pour chaque coup possible, puis on choisit le meilleur.

Algorithm 10 Jouer une partie aléatoire

playout ($position$)
while not partie terminée **do**
  $position \leftarrow$ joue ($position$, coup aléatoire)
end while
return score ($position$)

l pour un arbre de hauteur h et d'arité a.

11.3 Le problème du choix du coup à gauche

Pour comprendre le fonctionnement de la recherche Monte-Carlo imbriquée, nous allons l'analyser sur deux problèmes très simples. L'espace de recherche de ces deux problèmes peut être représenté comme un arbre binaire. A chaque étape il y a deux coups possibles : aller à gauche ou aller à droite.

11.3.1 Le nombre de coups sur le chemin le plus à gauche

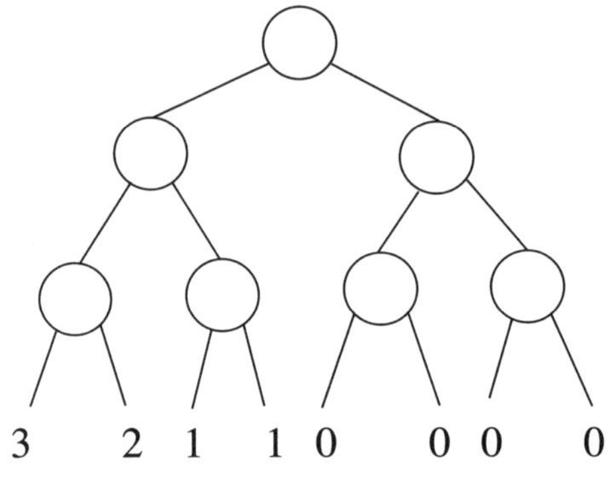

FIGURE 11.2 – Le score d'une partie est le nombre de coups sur le chemin le plus à gauche

Algorithm 11 Recherche Monte-Carlo imbriquée

```
nested (position, ordre)
meilleur playout ← {}
while not partie terminée do
  if ordre = 1 then
    move ← argmax_m (playout (joue (position, m)))
  else
    move ← argmax_m (nested (joue (position, m), ordre - 1))
  end if
  if score du playout apres le coup move > score du meilleur playout then
    meilleur playout ← playout apres le coup move
  end if
  position ← joue (position, coup du meilleur playout)
end while
return score (position)
```

L'espace de recherche du problème à profondeur 3 est donné dans la figure 11.2.

Exercice : Quelle est la probabilité d'un playout de trouver la solution d'un problème de profondeur n ? Quelle est cette probabilité pour une recherche de niveau un ? Quelle est la complexité d'une recherche de niveau un ?

11.3.2 Le nombre de coups à gauche

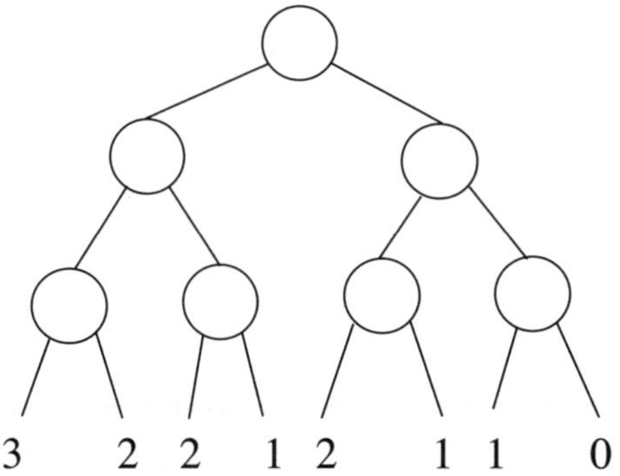

FIGURE 11.3 – Le score est le nombre de coups à gauche

Un problème qui a une répartition plus proche des problèmes réels est le problème du nombre de coups à gauche. Le score d'une feuille est le nombre de coups à gauche joués pour atteindre cette feuille. La figure 11.3 donne un problème de profondeur trois.

Exercice : Quelle est la probabilité d'un playout de trouver la solution d'un problème de profondeur n ? Quelle est cette probabilité pour une recherche de niveau l ?

Exercice : Écrire un programme qui calcule ces probabilités

Exercice : Écrire un programme qui joue au problème du nombre de coups à gauche avec un Monte-Carlo imbriqué

11.4 SameGame

SameGame est un puzzle NP-complet [48]. Une position est une grille de cases colorées. Un coup consiste à retirer des régions connexes de la même couleur pour marquer des points. Le nombre de points marqués par un coup est $(nombre\ de\ cases\ retires - 2)^2$. Les cases au dessus des cases retirées tombent après un coup, de plus si une colonne devient vide, les colonnes sur sa droite sont décalées vers la gauche pour la combler. Lorsque toutes les cases ont été retirées à la fin de la partie, on gagne un bonus de 1000 points.

SameGame se prête bien à une résolution par la méthode de Monte-Carlo imbriquée. Une stratégie de playouts qui se révèle efficace est de ne jouer la couleur dominante que lorsqu'il n'y a plus de coups d'autres couleurs [73]. De cette façon on retirera toutes les cases de la couleur dominante à la fois amenant ainsi à un coup de score maximal.

Exercice : Utiliser le Monte-Carlo imbriqué pour résoudre des problèmes de SameGame.

11.5 Corrigés des exercices

11.5.1 Complexité de la recherche Monte-Carlo imbriquée

Le nombre de coups d'un playout est $t_0(h, l) = h$. Le nombre de coups d'un playout de niveau l est $t_l(h, a) = a \times \sum_{0<i<h} t_{l-1}(i, a)$. Une recherche de niveau un jouera $a \times h^2/2$ coups. Une recherche de niveau l est en $O(a^l h^{l+1})$.

11.5.2 Le nombre de coups sur le chemin le plus à gauche

Un playout a une probabilité 2^{-n} de trouver la meilleure solution. Une recherche imbriquée de niveau un a une probabilité un de trouver la meilleur solution. La complexité de la recherche de niveau un est O(n^2).

11.5.3 Le nombre de coups à gauche

La probabilité qu'un playout trouve la solution est la même que pour le problème précédent : 2^{-n}.

Pour un arbre de profondeur d, le nombre de feuilles qui ont un score s est $\binom{s}{d}$. Pour le sous arbre gauche ce nombre vaut $\binom{s-1}{d-1}$. Pour le sous arbre droit ce nombre vaut $\binom{s}{d-1}$.

La probabilité qu'un playout trouve le score s après un coup à gauche est donc $P_{leftscore}(s,d,0) = \frac{\binom{s-1}{d-1}}{2^{d-1}}$. La probabilité qu'un playout trouve le score s après un coup à droite est donc $P_{rightscore}(s,d,0) = \frac{\binom{s}{d-1}}{2^{d-1}}$.

La probabilité qu'un score s trouvé à gauche permette d'aller à gauche est donc $P_{leftmove}(s,d,0) = \frac{P_{rightscore}(s,d,0)}{2} + \Sigma_{i=0}^{s-1} P_{rightscore}(i,d,0)$ (le premier terme est du à un choix aléatoire en cas d'égalité de scores)

La probabilité de choisir le coup à gauche après un playout est donc $P_{left}(d,0) = \Sigma_{s=0}^{d}(P_{leftscore}(s,d,0) \times P_{leftmove}(s,d,0))$.

On peut remarquer que la distribution des scores sous un noeud de l'arbre à hauteur d est la même à une constante près. La probabilité de choisir un coup à gauche est donc indépendante de la place du noeud dans l'arbre. La probabilité $P_{left}(d,0)$ est donc valable pour tous les noeuds de l'arbre de hauteur d.

On peut tenir un raisonnement similaire pour les niveaux plus élevés de recherche. Soit $P_{leftscore}(s,d,l)$ la probabilité qu'une recherche de niveau l commençant par un coup à gauche trouve le score s à hauteur d. Soit $P_{rightscore}(s,d,l)$ la probabilité pour le coup droit. La probabilité qu'un score trouvé à gauche permette de jouer le coup gauche est alors $P_{leftmove}(s,d,l) = \frac{P_{rightscore}(s,d,l)}{2} + \Sigma_{i=0}^{s-1} P_{rightscore}(i,d,l)$. La probabilité qu'un coup gauche soit choisi est donc $P_{left}(d,l) = \Sigma_{s=0}^{d}(P_{leftscore}(s,d,l) \times P_{leftmove}(s,d,l))$.

La probabilité qu'une recherche de niveau l trouve le score s à hauteur d est alors $P_{score}(s,d,l) = P_{left}(d,l-1) \times P_{score}(s-1,d-1,l) + (1 - P_{left}(d,l-1)) \times P_{score}(s,d-1,l)$.

On a alors une formule de récurrence $P_{leftscore}(s,d,l) = P_{score}(s-1,d-1,l)$ et $P_{rightscore}(s,d,l) = P_{score}(s,d-1,l)$.

Ces probabilités peuvent être calculées avec le programme suivant :

```
#include<stdio.h>
#include<math.h>
#include <stdlib.h>

const int MaxSize = 101;
const int MaxLevel = 4;
```

```
const int MaxScore = 101;

long long Coeff [MaxSize] [MaxSize];

float P [MaxSize] [MaxSize] [MaxLevel];

float Ptwo [MaxSize] [MaxSize] [MaxLevel];

void init () {
  for (int i = 0; i < MaxSize; i++)
    for (int j = 0; j < MaxSize; j++)
      Coeff [i] [j] = 0;
  for (int i = 0; i < MaxSize; i++)
    Coeff [i] [0] = 1;
  for (int i = 1; i < MaxSize; i++)
    for (int j = 1; j < i + 1; j++)
      Coeff [i] [j] = Coeff [i - 1] [j - 1] +
                      Coeff [i - 1] [j];
  for (int i = 0; i < MaxSize; i++)
    for (int j = 0; j < MaxSize; j++)
      for (int k = 0; k < MaxLevel; k++) {
        P [i] [j] [k] = -1.0;
        Ptwo [i] [j] [k] = -1.0;
      }
}

float Pscore (int s, int d, int l);

float Pleftscore (int s, int d, int l) {
  if (l == 0)
    return C (d - 1, s - 1) / pow (2, d - 1);
  return Pscore (s - 1, d - 1, l);
}

float Prightscore (int s, int d, int l) {
  if (l == 0)
    return C (d - 1, s) / pow (2, d - 1);
  return Pscore (s, d - 1, l);
}

float Pleftmove (int s, int d, int l) {
  float p = Prightscore (s, d, l) / 2;
  for (int i = 0; i < s; i++)
    p += Prightscore (i, d, l);
  return p;
}
```

```
float Pleft (int d, int l) {
  float p = 0.0;
  for (int s = 0; s <= d; s++)
    p += Pleftscore (s, d, l) * Pleftmove (s, d, l);
  return p;
}

float Pscore (int s, int d, int l) {
  if ((s < 0) || (d < 0))
    return 0.0;
  else if (P [s] [d] [l] < -0.5) {
    if (l == 0)
      P [s] [d] [l] = C (d, s) / pow (2, d);
    else if (d <= l) {
      if (s == d) P [s] [d] [l] = 1.0;
      else P [s] [d] [l] = 0.0;
    }
    else
      P [s] [d] [l] = Pleft (d, l - 1) *
                      Pscore (s - 1, d - 1, l) +
                      (1 - Pleft (d, l - 1)) *
                      Pscore (s, d - 1, l);
  }
  return P [s] [d] [l];
}
```

Un programme qui joue au nombre de coups à gauche peut s'écrire :

```
class Problem {
 public :
  int depth;
  int d, score;
  int variation [MaxScore];

  void init (int de) {
    depth = de;
    d = 0;
    score = 0;
  }
  void playMove (int m) {
    if (m == 0)
      score++;
    variation [d] = m;
    d++;
  }
  bool leaf () { return (d >= depth); }
  int playout () {
    while (d < depth) {
```

```
        int move = (int) (2 * (rand() / (RAND_MAX + 1.0)));
        playMove (move);
      }
      return score;
    }
};

int scoreBestRollout [MaxLevel];
int bestRollout [MaxLevel] [101];
int nestedMoves [MaxLevel] [101];
bool recallBestSequence = false;

int nestedRollout (Problem & pb, int n) {
  int bestScore , scoreRollout;
  int bestMove;

  scoreBestRollout [n] = 0;
  while (true) {
    if (pb.leaf ())
      break;
    bestScore = -1;
    if (recallBestSequence) {
      bestScore = scoreBestRollout [n];
      bestMove = bestRollout [n] [pb.d];
    }
    for (int i = 0; i < 2; i++) {
      if (n == 1) {
        Problem p = pb;
        p.playMove (i);
        p.playout ();
        if (p.score > bestScore) {
          bestScore = p.score;
          bestMove = i;
          if (recallBestSequence) {
            scoreBestRollout [n] = bestScore;
            for (int j = 0; j < p.depth; j++)
              bestRollout [n] [j] = p.variation [j];
          }
        }
        else if (p.score == bestScore) {
          int move = (int) (2 * (rand() /
                                (RAND_MAX + 1.0)));
          if (move == 1) {
            bestScore = p.score;
            bestMove = i;
          }
          if (recallBestSequence) {
```

```
            scoreBestRollout [n] = bestScore;
            for (int j = 0; j < p.depth; j++)
              bestRollout [n] [j] = p.variation [j];
          }
        }
      }
      else {
        Problem p = pb;
        p.playMove (i);
        scoreRollout = nestedRollout (p, n - 1);
        if (scoreRollout > bestScore) {
          bestScore = scoreRollout;
          bestMove = i;
          if (recallBestSequence) {
            scoreBestRollout [n] = bestScore;
            for (int j = 0; j < p.depth; j++)
              bestRollout [n] [j] = p.variation [j];
          }
        }
        else if (scoreRollout == bestScore) {
          int move = (int) (2 * (rand() /
                                 (RAND_MAX + 1.0)));
          if (move == 1) {
            bestScore = scoreRollout;
            bestMove = i;
            if (recallBestSequence) {
              scoreBestRollout [n] = bestScore;
              for (int j = 0; j < p.depth; j++)
                bestRollout [n] [j] = p.variation [j];
            }
          }
        }
      }
    }
    pb.playMove (bestMove);
  }
  return pb.score;
}
```

11.5.4 SameGame

```
#include<stdio.h>
#include<string.h>
#include<stdlib.h>
#include<math.h>
```

```
#include <iostream>
#include <algorithm>

using namespace std;

const int MaxSize = 15;
const int MaxProblem = 20;

class Move {
 public:
  int nbLocations;
  int locations [MaxSize * MaxSize];

  Move () {
    nbLocations = 0;
  }

  void add (int loc) {
    locations [nbLocations] = loc;
    nbLocations++;
  }

  void sort () {
    std::sort (locations, locations + nbLocations);
  }
};

class Seen {
 public:
  char seen [MaxSize * MaxSize];

  void init () {
    memset (seen, 0, MaxSize * MaxSize * sizeof (char));
  }

  bool test (int loc) {
    return (seen [loc] == 0);
  }

  void set (int loc) {
    seen [loc] = 1;
  }
};


static Move moves [MaxSize * MaxSize];
```

```
class Problem {
 public:
  int color [MaxSize * MaxSize];
  int nbMoves;
  int score;
  int lengthVariation;
  Move variation [MaxSize * MaxSize];


  void load (FILE *fp) {
    for (int i = 0; i < MaxSize; i++)
      for (int j = 0; j < MaxSize; j++)
        if (fscanf (fp, "%d",
                    &color [MaxSize * i + j]) == -1)
          cerr << "Erreur de lecture des problemes"
               << endl;
    score = 0;
    lengthVariation = 0;
  }

  void buildMove (int loc, Seen & seen, Move & move) {
    int c = color [loc];
    seen.set (loc);
    move.locations [0] = loc;
    move.nbLocations = 1;
    int stack [MaxSize * MaxSize];
    stack [0] = 1;
    stack [1] = loc;
    while (stack [0] > 0) {
      int l = stack [stack [0]], neigh;
      stack [0]--;
      if (l >= MaxSize) {
        neigh = l - MaxSize;
        if (color [neigh] == c)
          if (seen.test (neigh)) {
            seen.set (neigh);
            move.add (neigh);
            stack [0]++;
            stack [stack [0]] = neigh;
          }
      }
      if (l < MaxSize * MaxSize - MaxSize) {
        neigh = l + MaxSize;
        if (color [neigh] == c)
          if (seen.test (neigh)) {
            seen.set (neigh);
            move.add (neigh);
```

```
          stack [0]++;
          stack [stack [0]] = neigh;
        }
    }
    if ((l % MaxSize) != 0) {
      neigh = l - 1;
      if (color [neigh] == c)
        if (seen.test (neigh)) {
          seen.set (neigh);
          move.add (neigh);
          stack [0]++;
          stack [stack [0]] = neigh;
        }
    }
    if ((l % MaxSize) != MaxSize - 1) {
      neigh = l + 1;
      if (color [neigh] == c)
        if (seen.test (neigh)) {
          seen.set (neigh);
          move.add (neigh);
          stack [0]++;
          stack [stack [0]] = neigh;
        }
    }
  }
}

bool moreThanOneMove (int c) {
  Seen seen;
  Move mv;
  int nb = 0;
  seen.init ();
  for (int i = 0; i < MaxSize * MaxSize; i++)
    if (color [i] == c)
      if (seen.test (i)) {
        buildMove (i, seen, mv);
        nb++;
        if (nb > 1)
          return true;
      }
  return false;
}

void findMoves (int tabu = 9) {
  Seen seen;
  nbMoves = 0;
  seen.init ();
```

```
  if (!moreThanOneMove (tabu))
    tabu = 9;
  for (int i = 0; i < MaxSize * MaxSize; i++)
    if ((color [i] != 9) && (color [i] != tabu))
      if (seen.test (i)) {
        buildMove (i, seen, moves [nbMoves]);
        if (moves [nbMoves].nbLocations > 1)
          nbMoves++;
      }

  if (nbMoves == 0) {
    for (int i = 0; i < MaxSize * MaxSize; i++)
      if (color [i] != 9)
        if (seen.test (i)) {
          buildMove (i, seen, moves [nbMoves]);
          if (moves [nbMoves].nbLocations > 1)
            nbMoves++;
        }
  }
}

void remove (int loc) {
  while (loc > MaxSize - 1) {
    color [loc] = color [loc - MaxSize];
    loc = loc - MaxSize;
  }
  color [loc] = 9;
}

void removeColumn (int column) {
  for (int row = 0; row < MaxSize; row++) {
    for (int i = column; i < MaxSize - 1; i++) {
      color [row * MaxSize + i] =
        color [row * MaxSize + i + 1];
    }
    color [row * MaxSize + MaxSize - 1] = 9;
  }
}

void playMove (Move & move) {
  // on doit trier pour enlever
  // les cases du haut en premier
  move.sort ();
  for (int i = 0; i < move.nbLocations; i++) {
    remove (move.locations [i]);
  }
```

```
    int column = 0;
    for (int i = 0; i < MaxSize; i++) {
      if (color [MaxSize * MaxSize - MaxSize + column]
          == 9)
        removeColumn (column);
      else
        column++;
    }

    score += (move.nbLocations - 2) *
             (move.nbLocations - 2);

    if (color [MaxSize * MaxSize - MaxSize] == 9)
      score += 1000;

    variation [lengthVariation] = move;
    lengthVariation++;
  }

  int bestColor () {
    int nbColors [10];
    for (int i = 0; i < 10; i++)
      nbColors [i] = 0;
    for (int i = 0; i < MaxSize * MaxSize; i++)
      if (color [i] != 9)
        nbColors [color [i]]++;
    int best = 0, bestScore = 0;
    for (int i = 0; i < 10; i++)
      if (nbColors [i] > bestScore) {
        bestScore = nbColors [i];
        best = i;
      }
    return best;
  }

  void playout () {
    int tabu = bestColor ();
    findMoves (tabu);
    while (nbMoves > 0) {
      int index = nbMoves * (rand () / (RAND_MAX + 1.0));
      playMove (moves [index]);
      findMoves (tabu);
    }
  }
};

Problem problem [MaxProblem];
```

```
void load (int nb, const char *name) {
  FILE * fp = fopen (name, "r");
  if (fp != NULL) {
    for (int i = 0; i < nb; i++)
      problem [i].load (fp);
    fclose (fp);
  }
  else
    cerr << "pb␣ouverture␣" << name << "\n";
}

int lengthBestRollout [10], scoreBestRollout [10];
Move bestRollout [10] [MaxSize * MaxSize];
Move nestedMoves [10] [MaxSize * MaxSize];

int nestedRollout (Problem & pb, int n) {
  int bestScore, scoreRollout, bestEvaluation;
  Move bestMove;
  int tabu = pb.bestColor ();

  pb.findMoves (tabu);
  for (int i = 0; i < pb.nbMoves; i++)
    nestedMoves [n] [i] = moves [i];
  lengthBestRollout [n] = 0;
  scoreBestRollout [n] = 0;
  while (true) {
    if (pb.nbMoves == 0)
      break;
    bestScore = scoreBestRollout [n];
    bestMove = bestRollout [n] [pb.lengthVariation];
    for (int i = 0; i < pb.nbMoves; i++) {
      if (n == 1) {
        Problem p = pb;
        p.playMove (nestedMoves [n] [i]);
        p.playout ();
        scoreRollout = p.score;
        if (scoreRollout > bestScore) {
          bestScore = scoreRollout;
          bestMove = nestedMoves [n] [i];
          scoreBestRollout [n] = bestScore;
          lengthBestRollout [n] = p.lengthVariation;
          for (int i = 0; i < p.lengthVariation; i++)
            bestRollout [n] [i] = p.variation [i];
        }
      }
      else {
```

```
        Problem p = pb;
        p.playMove (nestedMoves [n] [i]);
        scoreRollout = nestedRollout (p, n - 1);
        if (scoreRollout > bestScore) {
          bestScore = scoreRollout;
          bestMove = nestedMoves [n] [i];
          scoreBestRollout [n] = bestScore;
          lengthBestRollout [n] = p.lengthVariation;
          for (int i = 0; i < p.lengthVariation; i++)
            bestRollout [n] [i] = p.variation [i];
          if (n > 0) {
            for (int t = 0; t < n - 1; t++)
              cout << "\t";
            cout << "n␣=␣" << n << ",␣progres␣=␣" <<
              pb.lengthVariation << ",␣length␣=␣" <<
              lengthBestRollout [n] << ",␣score␣=␣" <<
              scoreBestRollout [n] << ",␣nbMoves␣=␣" <<
              pb.nbMoves << "\n";
          }
        }
      }
    }
    pb.playMove (bestMove);
    pb.findMoves (tabu);
    for (int i = 0; i < pb.nbMoves; i++)
      nestedMoves [n] [i] = moves [i];
  }
  return pb.score;
}

int main (int argc, char ** argv) {
  load (20, "problems.txt");
  for (int pb = 0; pb < 20; pb++) {
    Problem p = problem [pb];
    nestedRollout (p, 2);
    cout << endl;
    if (p.color [MaxSize * MaxSize - MaxSize] == 9)
      cout << "cleared!\n";
    cout << "score␣(" << pb << ")␣=␣" <<
      p.score << "\n\n";
  }
}
```

Chapitre 12

Problèmes de satisfaction de contraintes

"La programmation par contraintes est une des techniques qui se rapproche le plus du Saint-Graal de la programmation : l'utilisateur définit le problème, l'ordinateur le résout"

Eugene Freuder.

12.1 Introduction

On modélise un problème de satisfaction de contraintes à l'aide de trois ensembles :

- un ensemble de variables,
- un ensemble de valeurs possibles pour chaque variable,
- un ensemble de contraintes qui relient les variables entre elles.

Une solution à un problème de satisfaction de contraintes consiste à trouver une valeur pour chaque variable de façon à ce que toutes les contraintes soient satisfaites. Les contraintes sont des relations qui doivent être vérifiées sur les variables et les valeurs. Par exemple, si x et y sont des variables du problème, $x \times y = 14$ est une contrainte. Si x a pour valeurs possibles 1,2,5 et que y a pour valeurs possibles 5,7, la solution unique au problème est $x = 2$ et $y = 7$.

Dans ce chapitre nous montrons comment programmer des algorithmes simples de programmation par contraintes. Il existe de nombreux solveurs de contraintes utilisant des algorithmes bien plus évolués et plus efficaces que ceux que nous montrons, de même qu'il existe des modélisations plus évoluées que celles que nous utilisons comme par exemple pour le Sudoku [83].

12.2 Exemples de Problèmes

Une classe de problèmes connus sont les problèmes de cryptarithmétique où chaque lettre correspond à un chiffre entre 0 et 9, de plus deux lettres différentes ont des valeurs différentes et les lettres les plus à gauche ont des valeurs différentes de 0. Un problème célèbre est SEND + MORE = MONEY. D'autres problèmes amusants sont DONALD + GERALD = ROBERT, ADAM + EVE + ON + A = RAFT, CROSS + ROADS = DANGER, FORTY + TEN + TEN = SIXTY.

Un autre problème classique est les N reines : le but est de placer sur un échiquier NxN, N reines de façon à ce qu'aucune reine ne puissent prendre une autre reine directement.

Exercice : Donnez les variables, leurs valeurs possibles et les contraintes pour le problème des N reines. Trouver une solution au problème des 4 reines.

12.3 Le Backtrack

L'algorithme le plus simple pour résoudre un problème de satisfaction de contraintes est l'algorithme de Backtrack. C'est un algorithme de force brute. Il commence par sélectionner l'ordre dans lequel instancier les variables, puis l'ordre dans lequel essayer les valeurs, puis il affecte récursivement les valeurs aux variables.

Chaque fois qu'une variable est instanciée, toutes les contraintes qui la contiennent et qui ne contiennent que des variables instanciées sont testées. Si une contrainte n'est pas vérifiée, l'algorithme arrête sa recherche et essaie la valeur suivante pour la variable (c'est ce qu'on appelle le Backtrack).

Un ensemble de variables instanciées est consistant s'il vérifie toutes les contraintes vérifiables. Si un sous-ensemble de l'ensemble des contraintes n'est pas consistant, alors tous les ensembles de variables instanciées qui le contiennent ne sont pas consistants. C'est pourquoi on arrête la recherche dès qu'une contrainte n'est pas vérifiée.

L'arbre est exploré en profondeur d'abord pour minimiser la mémoire consommée et parce qu'on connaît à l'avance la profondeur de recherche du problème.

On se place dans le cas particulier où le problème peut être modélisé à l'aide d'un domaine de valeurs entières comprises entre zéro et une taille fixée.

Exercice : Écrire une classe `DomaineIntervalle` qui permettra de mémoriser pour chaque variable son domaine de valeurs, la taille de ce domaine, ainsi que son instanciation. Écrire ensuite un programme qui utilise le Backtrack pour résoudre le problème des N reines sur un échiquier NxN.

12.4 Le Sudoku

Un problème de Sudoku est une matrice 9x9 telle que chaque ligne et chaque colonne ne contient qu'une seule fois les entiers de 1 à 9. Une grille 9x9 est décomposée en carrés 3x3. En plus des contraintes sur les lignes et les colonnes, chaque carré 3x3 ne doit contenir qu'une seule fois les chiffres de 1 à 9.

Il n'y a que 9 valeurs possibles pour chaque entrée de la matrice.

Exercice : Utiliser le Backtrack pour résoudre le Sudoku.

12.5 Le Forward Checking

Dans l'algorithme Forward Checking, après chaque affectation d'une valeur à une variable, on ôte des domaines des variables restantes les valeurs qui ne sont pas compatibles avec l'affectation. Cette mise à jour à chaque affectation des domaines de chaque variable permet de détecter les domaines contraints et les domaines vides.

Exercice : Modifier le programme de résolution de Sudoku pour qu'il fasse du forward checking.

12.6 L'ordre d'instanciation des variables

Lorsqu'on explore un arbre entièrement l'ordre d'instanciation des variables importe peu, mais si on permet de couper l'arbre dès qu'une contrainte n'est plus vérifiée comme pour l'algorithme de Backtrack, il est alors préférable de couper le plus tôt possible une branche qui ne va pas amener à la solution. On va donc essayer d'instancier en priorité les variables qui amènent à violer une contrainte ; cette heuristique s'appelle le principe de l'échec d'abord. On peut choisir l'ordre des variables une fois pour toutes avant l'exécution ou dynamiquement lors de l'exécution.

Une bonne heuristique statique est l'heuristique de cardinalité maximum qui consiste à choisir la variable qui est liée par des contraintes au plus grand nombre de variables déjà choisies. On peut aussi prendre en compte la taille du domaine de la variable, le nombre de contraintes dans lesquelles la variable est présente ou encore la difficulté des contraintes contenant la variable.

Une bonne heuristique dynamique est de choisir la variable ayant le nombre minimal de valeurs vérifiant les contraintes étant donné les instanciations déjà effectuées.

L'ordre d'instanciation des valeurs n'a pas d'influence sur les problèmes inconsistant ou sur les problèmes où l'on cherche toutes les solutions, car il faudra vérifier toutes les valeurs. Le choix de l'ordre des valeurs dépend en général du domaine.

L'ordre de vérification des contraintes permet de diminuer le nombre de tests de satisfaction de contraintes. On choisit en général de vérifier en premier les contraintes les moins satisfiables.

Exercice : Modifier le programme de Sudoku pour qu'il commence par instancier les variables de plus petit domaine.

12.7 La recherche avec déviations limitées

De nombreux problèmes peuvent être résolus par un algorithme de recherche parce qu'on dispose d'heuristiques pour ordonner les essais. Ces heuristiques permettent de commencer par les essais qui ont le plus de chances d'amener vers les solutions. La recherche avec déviation limitée (limited discrepancy search) [42] est un algorithme de recherche qui permet de trouver des solutions à moindre coût quand l'heuristique d'ordonnancement des essais est défaillante sur un petit nombre de choix. Supposons par exemple que l'heuristique ne soit pas défaillante, il suffirait alors de toujours prendre la première valeur pour arriver à la solution. Supposons maintenant que l'heuristique se trompe une seule fois, il faudra envisager les valeurs différentes de la première une seule fois sur le chemin vers la solution. Or on ne sait pas à quel endroit de la recherche il faut envisager les autres valeurs. On va donc envisager toutes les déviations possibles à partir du chemin qui prend toujours la première valeur, et pour chacune des déviations on va continuer à ne tenter qu'un seul essais après avoir pris la déviation. Si la profondeur de la recherche est p, il y a p déviations possibles. On peut aussi envisager d'effectuer deux déviations, il y a alors $\frac{p \times (p-1)}{2}$ chemins possibles.

La recherche avec déviations limitées recherche tous les chemins qui comporte un nombre limité de déviations. Elle commence par le chemin avec zéro déviation, puis celui avec une déviation, et incrémente ensuite le nombre de déviations permises à chaque recherche infructueuse.

Exercice : Utiliser la recherche avec déviations limitées pour résoudre le Sudoku.

12.8 Les contraintes globales

Un exemple de contrainte globale est la contrainte all-diff qui porte sur un ensemble de variables et qui vérifie qu'elles sont toutes différentes. Les contraintes globales permettent de formuler les problèmes plus élégamment et permettent aussi de mieux propager les contraintes. Un exemple d'utilisation des contraintes globales est l'utilisation de $2n$ contraintes n-aire all-diff pour modéliser les lignes et les colonnes du Sudoku.

12.9 La recherche locale

Une autre approche au problème de satisfaction de contraintes est de modifier une instanciation totale de toutes les variables qui viole une ou plusieurs contraintes de façon à se rapprocher d'une solution. Par exemple, pour le problème des 8 reines, on place les 8 reines sur le damier en évitant au maximum les prises au fur et à mesure des placements, puis on bouge les reines une par une jusqu'à ce qu'on trouve une solution.

L'heuristique la plus naturelle consiste à déplacer la reine qui est en prise avec le plus d'autres reines, et de la déplacer vers une position qui est en prise avec le moins de reines possibles.

Cette heuristique est simple mais elle marche très bien, beaucoup mieux que le Backtrack. Les algorithmes de Backtrack peuvent résoudre des problèmes contenant des centaines de reines alors que la recherche locale permet de résoudre des problèmes contenant beaucoup plus de reines.

L'inconvénient de la recherche locale est qu'elle ne permet pas toujours de trouver une solution, même si une solution existe. De plus si il n'y a pas de solution, l'algorithme ne termine pas alors que le Backtrack trouvera qu'il n'y a pas de solution.

12.10 La recherche Monte-Carlo imbriquée

On peut réutiliser l'algorithme de recherche Monte-Carlo imbriquée vu dans le chapitre sur la résolution de puzzles par la méthode de Monte-Carlo. Dans le cas d'un problème de satisfaction de contraintes l'évaluation d'une position est le nombre de variables qu'on a réussi à affecter sans tomber sur une inconsistance. C'est l'évaluation que retournera une partie aléatoire. Les parties aléatoires consistent à choisir au hasard une affectation consistante à une variable.

Exercice : Écrire un programme de recherche Monte-Carlo imbriquée pour le Sudoku 25x25.

12.11 Corrigés des exercices

12.11.1 Les N reines

On utilise une variable par colonne. Les variables sont notées $C_1, C_2, ..., C_N$. Les domaines de valeurs des variables sont $\{1, 2, ..., N\}$. les contraintes sont :

$\forall i \neq j : C_i \neq C_j$

$$\forall i \neq j : |C_i - C_j| \neq |i - j|$$

12.11.2 Le Backtrack

Pour représenter une variable on utilise la classe DomaineIntervalle :

```
class DomaineIntervalle {
  int _taille;
  int _nb_valeurs;
  bool *_presente;
  bool _affectee;
  int _valeur;
 public:
  void alloue (int t) {
    _taille = t;
    _presente = new bool [_taille];
    init ();
  }
  void init () {
    for (int i = 0; i < _taille; i++) {
      _presente [i] = true;
    }
    _nb_valeurs = _taille;
    _affectee = false;
  }
  int taille () { return _taille; }
  int nb_valeurs () { return _nb_valeurs; }
  bool affectee () { return _affectee; }
  int valeur () { return _valeur; }
  bool presente (int v) { return _presente [v]; }
  bool ote (int v) {
    if (_presente [v]) {
      _presente [v] = false;
      _nb_valeurs--;
      return true;
    }
    return false;
  }
  void remet (int v) {
    _presente [v] = true;
    _nb_valeurs++;
  }
  void affecte (int v) {
    _affectee = true;
    _valeur = v;
  }
```

```
  void desaffecte () {
    _affectee = false;
  }
};
```

Le programme pour le problème des 8 reines s'écrit alors :

```
#include<iostream>
#include<stdlib.h>

using namespace std;

int nombreVariables;
DomaineIntervalle *variables;

int nbReines = 8;

void initReines ();
void afficheSolution ();
bool backtrack (int numVar = 0);

/* une variable par colonne */
/* avec une valeur par case de la colonne */
void initReines () {
  nombreVariables = nbReines;
  variables = new DomaineIntervalle [nbReines];
  for (int i = 0; i < nombreVariables; i++)
    variables [i].alloue (nbReines);
}

bool consistante (int numVar) {
  int val = variables [numVar].valeur ();
  for (int i = 0; i < nombreVariables; i++)
    if (i != numVar)
      if (variables [i].affectee ()) {
        int vali = variables [i].valeur ();
        /* meme ligne */
        if (val == vali) return false;
        /* meme diagonale */
        if (val + (i - numVar) == vali) return false;
        if (val - (i - numVar) == vali) return false;
      }
  return true;
}

void afficheSolution () {
  for (int i = 0; i < nombreVariables; i++)
    cout << variables [i].valeur () << "␣";
```

```
  cout << endl;
}

bool backtrack (int numVar) {
  if (numVar == nombreVariables)
    return true;
  else
    for (int i = 0; i < variables [numVar].taille ();
         i++) {
      variables [numVar].affecte (i);
      if (consistante (numVar))
        if (backtrack (numVar + 1))
          return true;
      variables [numVar].desaffecte ();
    }
  return false;
}

int main (int argc, char **argv) {
  if (argc > 1)
    nbReines = atoi (argv [1]);
  initReines ();
  if (backtrack (0))
    afficheSolution ();
}
```

12.11.3 Le Sudoku

```
#include<iostream>

using namespace std;

const int TailleMax = 25;

int tailleCarre = 3, taille = tailleCarre * tailleCarre;

DomaineIntervalle var [TailleMax] [TailleMax];

void init () {
  for (int i = 0; i < taille; i++) {
    for (int j = 0; j < taille; j++)
      var [i] [j].alloue (taille);
  }
}

bool consistant (int i, int j, int val) {
```

```
  /* une seule fois la meme valeur par ligne */
  for (int ii = 0; ii < taille; ii++)
    if (ii != i)
      if (var [ii] [j].affectee ())
        if (var [ii] [j].valeur () == val)
          return false;
  /* une seule fois la meme valeur par colonne */
  for (int jj = 0; jj < taille; jj++)
    if (jj != j)
      if (var [i] [jj].affectee ())
        if (var [i] [jj].valeur () == val)
          return false;
  /* une seule fois la meme valeur par carre */
  int starti = tailleCarre * (i / tailleCarre),
    startj = tailleCarre * (j / tailleCarre);
  for (int ii = starti; ii < starti + tailleCarre; ii++)
    for (int jj = startj; jj < startj + tailleCarre; jj++)
      if ((jj != j) && (ii != i))
        if (var [ii] [jj].affectee ())
          if (var [ii] [jj].valeur () == val)
            return false;
  return true;
}

DomaineIntervalle * choisitVariable (int & i, int & j) {
  for (i = 0; i < taille; i++)
    for (j = 0; j < taille; j++)
      if (!var [i] [j].affectee ())
        return &var [i] [j];
  return NULL;
}

int enumereValeurs (int i, int j, int *val) {
  int nb = 0;
  for (int k = 0; k < taille; k++)
    if (var [i] [j].presente (k)) {
      val [nb] = k;
      nb++;
    }
  return nb;
}

bool backtrack () {
  int i, j;
  DomaineIntervalle *d = choisitVariable (i, j);
  if (d == NULL) return true;
  int val [TailleMax], nb_vals =
```

```
                        enumereValeurs (i, j, val);
  for (int k = 0; k < nb_vals; k++) {
    var [i] [j].affecte (val [k]);
    if (consistant (i, j, val [k]))
      if (backtrack ())
        return true;
    var [i] [j].desaffecte ();
  }
  return false;
}

void afficheSolution () {
  for (int i = 0; i < taille; i++) {
    for (int j = 0; j < taille; j++)
      if (var [i] [j].affectee ())
        cout << var [i] [j].valeur () << " ";
      else
        cout << "  ";
    cout << endl;
  }
}

int main (int argc, char **argv) {
  init ();
  if (backtrack ())
    afficheSolution ();
}
```

12.11.4 Le Forward Checking

On reprend le programme de Backtrack pour le Sudoku et on ajoute ou remplace les fonctions suivantes :

```
#include<stack>

stack<int> pile;

void ote (int i, int j, int val) {
  if (var [i] [j].ote (val)) {
    pile.push (i);
    pile.push (j);
    pile.push (val);
  }
}

void remet () {
  while (pile.top () != -1) {
```

```
    int val = pile.top ();
    pile.pop ();
    int j = pile.top ();
    pile.pop ();
    int i = pile.top ();
    pile.pop ();
    var [i] [j].remet (val);
  }
  pile.pop ();
}

bool consistant (int i, int j, int val) {
  pile.push (-1);
  /* une seule fois la meme valeur par ligne */
  for (int ii = 0; ii < taille; ii++)
    if (ii != i)
      if (!var [ii] [j].affectee ()) {
        ote (ii, j, val);
        if (var [ii] [j].nb_valeurs () == 0)
          return false;
      }
  /* une seule fois la meme valeur par colonne */
  for (int jj = 0; jj < taille; jj++)
    if (jj != j)
      if (!var [i] [jj].affectee ()) {
        ote (i, jj, val);
        if (var [i] [jj].nb_valeurs () == 0)
          return false;
      }
  /* une seule fois la meme valeur par carre */
  int starti = tailleCarre * (i / tailleCarre),
    startj = tailleCarre * (j / tailleCarre);
  for (int ii = starti; ii < starti + tailleCarre; ii++)
    for (int jj = startj; jj < startj + tailleCarre; jj++)
      if ((jj != j) && (ii != i))
        if (!var [ii] [jj].affectee ()) {
          ote (ii, jj, val);
          if (var [ii] [jj].nb_valeurs () == 0)
            return false;
        }
  return true;
}

bool fc () {
  int i, j;
  DomaineIntervalle *d = choisitVariable (i, j);
  if (d == NULL) return true;
```

```
  int val [TailleMax], nb_vals =
                              enumereValeurs (i, j, val);
  for (int k = 0; k < nb_vals; k++) {
    var [i] [j].affecte (val [k]);
    if (consistant (i, j, val [k]))
      if (fc ())
        return true;
    remet ();
    var [i] [j].desaffecte ();
  }
  return false;
}
```

12.11.5 L'ordre d'instanciation des variables

Il suffit de remplacer la fonction de sélection des variables par la fonction suivante :

```
DomaineIntervalle * choisitVariable (int & i, int & j) {
  DomaineIntervalle *v = NULL;
  int min = taille + 1, memi, memj;
  for (int ibis = 0; ibis < taille; ibis++)
    for (int jbis = 0; jbis < taille; jbis++)
      if (!var [ibis] [jbis].affectee ())
        if (var [ibis] [jbis].nb_valeurs () < min) {
          min = var [ibis] [jbis].nb_valeurs ();
          i = ibis; j = jbis;
          v = &var [i] [j];
        }
  return v;
}
```

12.11.6 La recherche avec déviations limitées

```
bool lds (int ordre);

bool trylds (int i, int j, int val, int ordre) {
  var [i] [j].affecte (val);
  if (consistant (i, j, val))
    if (lds (ordre))
      return true;
  remet ();
  var [i] [j].desaffecte ();
  return false;
}
```

```
bool lds (int ordre) {
  int i, j;
  DomaineIntervalle *d = choisitVariable (i, j);
  if (d == NULL) return true;
  int val [TailleMax], nb_vals =
                              enumereValeurs (i, j, val);
  if (ordre == 0) {
    if (trylds (i, j, val [0], ordre))
      return true;
  }
  else {
    for (int k = 1; k < nb_vals; k++) {
        if (trylds (i, j, val [k], ordre - 1))
          return true;
    }
    if (nb_vals > 0)
      if (trylds (i, j, val [0], ordre))
        return true;
  }
  return false;
}

bool id_lds () {
  for (int ordre = 0; ordre < taille * taille; ordre++) {
    if (lds (ordre))
      return true;
  }
  return false;
}
```

On peut tester que pour des Sudokus de taille 25x25, la recherche avec déviations limitées trouve une grille en 10 secondes alors que le forward checking met beaucoup plus de temps. Le succès de la méthode n'est pas seulement dû à un bon ordonnancement des valeurs puisque dans ce cas, elles sont ordonnées lexicographiquement.

12.11.7 La recherche Monte-Carlo imbriquée

La recherche Monte-Carlo imbriquée trouve instantanément un Sudoku de taille 25x25 :

```
#include<stdlib.h>

class Move {
 public :
  int _i, _j, _value;
  Move (int i = 0, int j = 0, int value = 0) {
```

```
    _i = i;
    _j = j;
    _value = value;
  }
};

Move variation [1000];

int sample (int depth) {
  int i, j, maxd = depth;
  DomaineIntervalle *d = choisitVariable (i, j);
  if (d == NULL)
    return depth;
  int val [TailleMax],
      nb_vals = enumereValeurs (i, j, val);
  if (nb_vals == 0)
    return depth;
  int indice = rand () % nb_vals;
  Move m (i, j, val [indice]);
  variation [depth] = m;
  var [i] [j].affecte (val [indice]);
  if (consistant (i, j, val [indice]))
    maxd = sample (depth + 1);
  if (maxd == taille * taille)
    return maxd;
  remet ();
  var [i] [j].desaffecte ();
  return maxd;
}

int nbBestRollout [4];
Move bestRollout [4] [1000];

int nested (int nbPrefix, Move prefix [1000], int n) {
  int nbPrefixStart = nbPrefix;
  nbBestRollout [n] = 0;
  while (true) {
    int i, j;
    DomaineIntervalle *d = choisitVariable (i, j);
    if (d == NULL)
      return nbPrefix;
    int val [TailleMax], nb_vals =
                         enumereValeurs (i, j, val);
    Move bestMove = bestRollout [n] [nbPrefix];
    int best = nbBestRollout [n];
    for (int k = 0; k < nb_vals; k++) {
      Move m (i, j, val [k]);
```

```
        var [i] [j].affecte (val [k]);
        if (consistant (i, j, val [k])) {
          if (n == 1) {
            int lengthPlayout = sample (nbPrefix + 1);
            if (lengthPlayout > best) {
              best = lengthPlayout;
              bestMove = m;
              nbBestRollout [n] = best;
              bestRollout [n] [nbPrefix] = m;
              for (int l = nbPrefix + 1;
                   l < lengthPlayout; l++)
                bestRollout [n] [l] = variation [l];
            }
          }
          else {
            int lengthPlayout = nested (nbPrefix + 1,
                                        prefix, n - 1);
            if (lengthPlayout > best) {
              best = lengthPlayout;
              bestMove = m;
              nbBestRollout [n] = best;
              bestRollout [n] [nbPrefix] = m;
              for (int l =  nbPrefix + 1;
                   l < lengthPlayout; l++)
                bestRollout [n] [l] =
                                  bestRollout [n - 1] [l];
            }
          }
        }
        if (best == taille * taille)
          return best;
        remet ();
        var [i] [j].desaffecte ();
      }
      var [bestMove._i]
          [bestMove._j].affecte (bestMove._value);
      if (consistant (bestMove._i, bestMove._j,
                      bestMove._value)) {
        prefix [nbPrefix] = bestMove;
        nbPrefix++;
      }
      else
        break;
    }
    if (nbPrefix == taille * taille)
      return nbPrefix;
    for (int n = nbPrefix - 1; n >= nbPrefixStart; n--) {
```

```
    remet ();
    var [prefix [n]._i] [prefix [n]._j].desaffecte ();
  }
  return nbPrefix;
}

int main (int argc, char **argv) {
  init ();
  while (true) {
    Move prefix [1000];
    int nb = nested (0, prefix, 1);
    cout << nb << "␣";
    if (nb == taille * taille)
      break;
  }
  cout << endl;
  afficheSolution ();
}
```

Chapitre 13

Jeux à information incomplète

13.1 Introduction

Dans les jeux à information incomplète, on ne connaît pas complètement la position de l'adversaire. C'est le cas de la plupart des jeux de cartes, mais aussi du Go fantôme ou du Kriegspiel (les Échecs fantômes).

Les algorithmes de Monte-Carlo sont bien adaptés pour ce style de jeu car il permettent d'échantillonner simplement les distributions possibles des positions adverses.

13.2 Le Go fantôme

Au Go fantôme, il y a deux joueurs et un arbitre. Chaque joueur ne voit que son propre goban et l'arbitre signale au joueur s'il a joué un coup illégal. Dans ce cas il est autorisé à rejouer.

Le principe de la méthode de Monte-Carlo appliquées au Go fantôme [24] est de distribuer aléatoirement les pierres de l'adversaire avant chaque partie aléatoire. On fait un grand nombre de parties aléatoires pour chaque coup. On finit par choisir le coup dont les parties aléatoires ont la meilleure moyenne.

13.3 Le Bridge

Les programmes de Bridge utilisent des algorithmes différents pour les annonces et pour le jeu de la carte. La partie annonce est typiquement gérée par un système de règles qui permet aux partenaires d'échanger des informations sur leur jeu avant de décider du contrat à faire. La partie jeu de la carte est généralement traitée avec un algorithme de Monte-Carlo.

Le principe de la méthode de Monte-Carlo au Bridge [38] est de résoudre des donnes ouvertes et de faire des statistiques sur les résultats de ces résolutions. L'algorithme utilisé pour la résolution de donnes ouvertes est l'Alpha-Bêta associé à des tables de partition (voir le chapitre sur les tables de transposition).

Les donnes ouvertes sont distribuées pseudo-aléatoirement tout en restant cohérentes avec les annonces des joueurs et avec les informations provenant des tours de jeu précédents (par exemple les coupes).

13.4 Le Poker

"Le poker est un jeu passionnant permettant de perdre son argent, son temps et ses amis."

Philippe Bouvard.

La variante la plus communément jouée au Poker est le Texas Hold'em. Chaque joueur à deux cartes et peut combiner ses deux cartes avec les cartes dévoilées au centre de la table. On dévoile d'abord trois cartes, puis une quatrième et une cinquième. Les dévoilements sont suivis d'enchères. Le Texas Hold'em est la variante sur laquelle les chercheurs en intelligence artificielle ont le plus travaillé. Un des objectifs des programmes de Poker est de trouver une stratégie qui soit un équilibre de Nash, ou du moins qui s'en rapproche. Le Texas Hold'em a un espace d'états trop grand pour trouver un équilibre de Nash à l'aide de la théorie des jeux et des ordinateurs et programmes actuels. Une méthode communément utilisée pour rendre le jeu plus facile à résoudre est d'utiliser des abstractions, ce qui consiste à regrouper les mains similaires dans les mêmes états. Ceci permet alors de trouver l'équilibre du jeu ainsi simplifié à l'aide de la programmation linéaire [11]. Une autre méthode classique est d'approximer la stratégie optimale en se rapprochant de l'équilibre de Nash ou d'utiliser des méthodes de Monte-Carlo [57].

Chapitre 14

Théorie combinatoire des jeux

14.1 Domineering

Afin de présenter succinctement la théorie des nombres surréels qui représentent des jeux, nous allons utiliser le jeu Domineering. Domineering se joue sur un plateau rectangulaire composé initialement de cases vides. Il y a deux joueurs, Horizontal et Vertical. Horizontal a comme coup possible de noircir deux cases blanches voisines horizontalement. Vertical a comme coup possible de noircir deux case blanches voisines verticalement. Le premier joueur qui ne peut plus jouer a perdu.

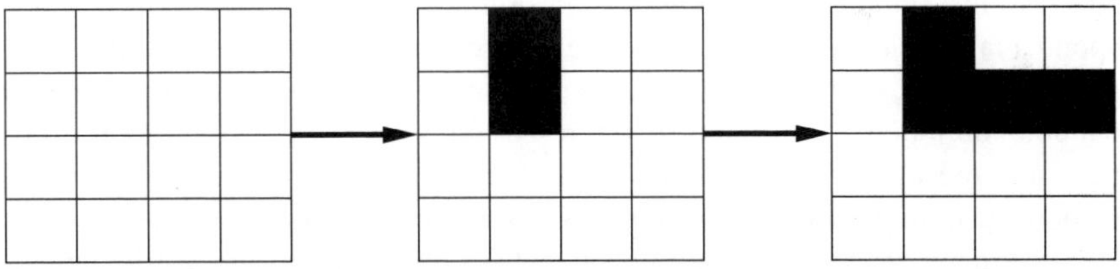

FIGURE 14.1 – Les deux premiers coups d'une partie de Domineering 5x5.

La figure 14.2 donne un exemple de fin de partie à Domineering 5x5 après trois coups. On voit que cette position est composée de trois régions indépendantes. Le principe de la théorie combinatoire des jeux est d'associer un nombre à chacune de ces régions et de faire ensuite la somme de ces nombres pour évaluer la position entière.

Cette décomposition en sous jeux est illustrée par la figure 14.3 qui montre la somme des trois régions indépendantes de la position.

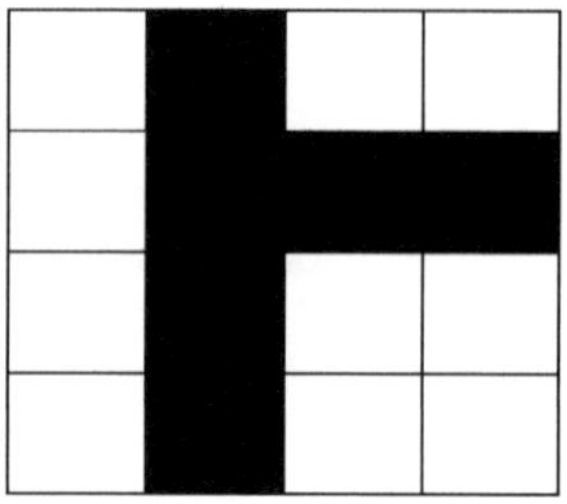

FIGURE 14.2 – Fin de partie à Domineering.

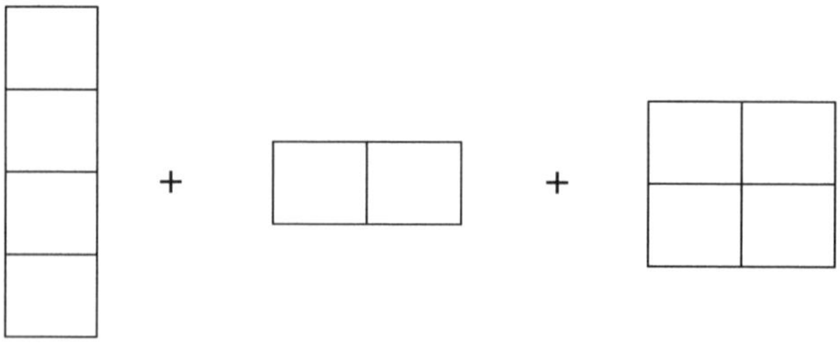

FIGURE 14.3 – Décomposition en sous jeux de la fin de partie.

14.2 Les nombres surréels

Les nombres surréels les plus simples comptent pour une région le nombre de coups qu'un joueur peut jouer dans cette région. Le nombre le plus simple est 0. Pour représenter les nombres plus élaborés, on représente un doublet composé d'une partie gauche qui correspond à la position atteinte après le meilleur coup du joueur Gauche (dans notre cas on choisira Vertical), et d'une partie droite qui correspond à la position atteinte après le meilleur coup du joueur Droit (dans les exemples qui suivent Horizontal). Par exemple le nombre 1 se représente avec $\{0|\}$: si Vertical joue il n'a plus de coup, et Horizontal n'a pas de coup. Le nombre 0 se représente $\{\}$. Le nombre 2 se représente $\{1|\} = \{\{0|\}|\} = \{\{\{\}|\}|\}$. De même il existe des nombres négatifs pour les points de Vertical. On a ainsi $-1 = \{|0\}et - 2 = \{| - 1\}$.

On peut aussi avoir des jeux qui correspondent à des fractions ainsi $\{0|1\} = \frac{1}{2}$. On a bien sûr $\frac{1}{2} + \frac{1}{2} = 1$.

Il existe aussi des infinitésimaux comme $\{0|0\} = *$ qui est plus petit que tout les nombres positifs et plus grand que tous les nombres négatifs. D'autres infinitésimaux courants sont $\{0|*\} =\uparrow$ et son opposé $\{*|0\} =\downarrow$.

Des exemples de régions associées à leurs nombres sont données dans la figure 14.4.

Pour aller plus loin dans la théorie combinatoire des jeux, la lecture de "Lessons in

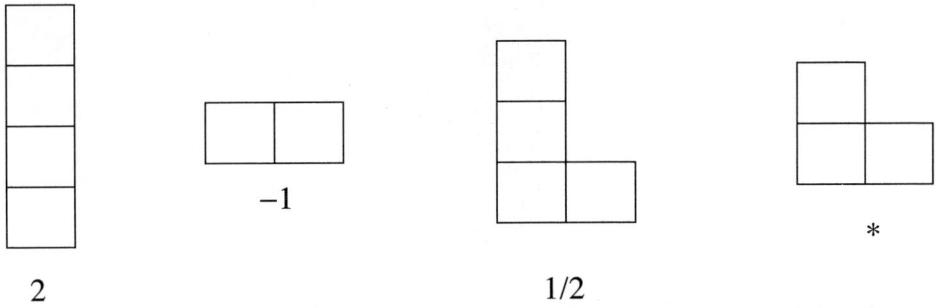

FIGURE 14.4 – Exemples de nombres surréels

play" [1] est appropriée.

Exercice : Trouver une région qui valent $\uparrow$ à Domineering.

14.3 Corrigés des exercices

14.3.1 $\uparrow$ à Domineering

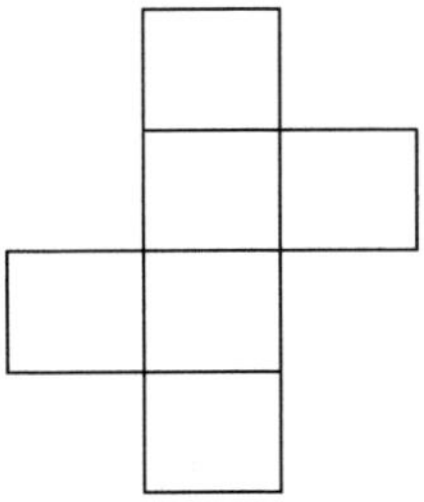

FIGURE 14.5 – Région $\uparrow$

La région ci dessus vaut $\{0, *|*\} = \uparrow$.

Chapitre 15

Théorie des jeux

"Le fossé séparant théorie et pratique est moins large en théorie qu'il ne l'est en pratique"

Anonyme.

15.1 Classification des jeux

La théorie des jeux est l'étude de comportements rationnels dans des situations où les acteurs dépendent les uns des autres.

- Ils peuvent avoir des intérêts communs : jeux de coordination.
- Ils peuvent être en compétition.
- Ils sont rationnels : chacun fait du mieux qu'il peut avec ses informations.
- Comme les joueurs sont interdépendants, les décisions rationnelles prennent en compte les actions des autres, on cherche à les prévoir.

Les jeux peuvent être :

- séquentiels ou simultanés.
- de compétition ou de coordination.
- joués une seul fois ou répétés.
- à information complète ou non.

De nombreuses ressources sur la théorie des jeux sont disponibles sur le site web http ://www.gametheory.net/

15.2 Les jeux simultanés à information complète

On connaît les actions possibles des autres et les gains associés à toutes les combinaisons d'actions mais on ne connaît pas les coups que les autres vont jouer.

Il y a un circularité des raisonnements. Je décide de mon action en même temps que les autres. Ce qu'ils décident a une influence sur mes choix et mes choix ont une influence sur ce qu'ils décident.

Pour décider il faut écrire la matrice des gains qui donne les gains pour toutes les combinaisons d'actions. On peut alors chercher une combinaison pour laquelle personne ne regrette son choix : un équilibre de Nash.

15.2.1 La matrice de gain

Dans un jeu à deux joueurs, chaque ligne correspond à une action possible du premier joueur, nommons ce premier joueur Ligne. Chaque colonne correspond à une action possible du deuxième joueur, nommons ce deuxième joueur Colonne.

Dans chaque case de la matrice on représente le gain de Ligne suivi du gain de Colonne.

TABLE 15.1 – Une matrice de gain.

	A	B	C	D
X	3,2	5,4	12,0	5,3
Y	4,0	3,2	7,3	2,5
Z	2,4	10,5	5,2	8,1

15.2.2 Équilibre de Nash en stratégie pure

Une équilibre de Nash est une situation dans laquelle aucun des joueurs n'a intérêt à modifier son action si les autres ne modifient pas non plus leurs actions.

Exercice : Quel est l'équilibre de Nash de la matrice de la table 15.1 ?

Le résultat d'un jeu n'est pas toujours un équilibre de Nash même lorsque les joueurs sont rationnels. Par exemple au jeu de la poule mouillée.

TABLE 15.2 – Un jeu de coordination.

	B1	B2
A1	1,1	0,0
A2	0,0	1,1

15.2.3 Le dilemme du prisonnier

Deux prisonniers sont interrogés séparément par la police. Si aucun des deux ne dénonce l'autre ils auront tous deux un an de prison. Si l'un dénonce et pas l'autre, celui qui a dénoncé est libre et l'autre à dix ans. S'ils dénoncent tous les deux ils ont tous les deux 4 ans de prison.

Exercice : Écrire la matrice de gain et trouver l'équilibre de Nash.

15.2.4 Comment trouver un équilibre de Nash

Une manière de trouver un équilibre de Nash est de tracer des flèches des cases dominées vers les cases dominantes de la même colonne ou de la même ligne. Pour les cases de la même ligne on comparera les gains de Colonne, pour les cases de la même colonne on comparera les gains de Ligne. Un équilibre de Nash est une case qui ne comporte que des flèches entrantes.

Exercice : Trouver l'équilibre de Nash du jeu de la table 15.1.

On peut aussi trouver des lignes et de colonnes dominées et les éliminer au fur et à mesure de la matrice.

15.2.5 Jeux de coordination

Deux personnes ont le choix entre deux restaurants différents, elles préfèrent être ensemble que seules. La matrice est donnée par la table 15.2. Il y a deux équilibres de Nash.

15.2.6 Jeux de la poule mouillée

Deux pilotes se font face sur une route qui n'est pas assez large pour deux voitures. Le premier qui dévie de la route a perdu, toutefois si aucun des deux ne dévie ils meurent tous les deux. La matrice est donnée par la table 15.3. Il y a deux équilibres de Nash.

TABLE 15.3 – Un jeu de la poule mouillée.

	dévier	tout droit
dévier	0,0	0,10
tout droit	10,0	-100,-100

15.2.7 Jeux sans équilibre en stratégie pure

Il n'existe pas toujours d'équilibre en stratégie pure. Le jeu pierre feuille ciseaux est une exemple de ce type de jeux. Le principe du jeu est que deux joueurs font simultanément un signe de la main correspondant soit à pierre, soit à feuille, soit à ciseaux. La pierre bat le ciseaux, le ciseau bat la feuille et la feuille bat la pierre.

Exercice : Écrire la matrice de gain à pierre feuille ciseaux.

Un autre exemple est smallest : Plusieurs joueurs choisissent un nombre entre 0 et N. Parmi les joueurs qui ont été seuls à choisir leur nombre, le gagnant est celui qui a le plus petit nombre.

15.2.8 Jeu de stratégie temps réel

Dans un jeu de stratégie temps réel, on connaît la carte sans forcément connaître la place des ennemis. Supposons qu'une base puisse être attaquée par deux chemins possibles, un premier chemin qui prend 20 secondes à parcourir et un autre qui prend 10 secondes. Le joueur attaqué peut choisir d'envoyer ses défenses sur un des deux chemins, toutefois s'il se trompe de chemin cela lui aura coûté 8 secondes. Le gain du défenseur correspond au temps pendant lequel il peut attaquer en dehors de sa base. C'est un jeu à somme nulle.

Exercice : Modéliser ce jeu et trouver son équilibre de Nash.

15.3 Équilibre de Nash en stratégie mixte

Le principe d'une stratégie mixte est d'associer chaque action à une probabilité et de choisir les actions avec cette probabilité.

La recherche d'un équilibre en stratégie mixte consiste à choisir les probabilités pour ses actions qui rendent l'autre joueur indifférent à ses propres actions.

Pour cela on calcule l'espérance de gain de chaque action et on cherche les probabilités pour lesquelles les espérances sont égales.

TABLE 15.4 – Matrice de gain.

	A	B
X	20,0	0,15
Y	0,85	15,0

Exercice : Trouvez l'équilibre de Nash en stratégie mixte de la matrice de gain 15.4.

15.4 Jeux répétés

Lorsqu'un jeu est répété, il existe deux grands types de stratégies, les stratégies Oeil pour oeil (Tit for Tat) et les stratégies Sévères (Grim). Pour le dilemme du prisonnier, la stratégie Oeil pour oeil consiste à dénoncer l'autre joueur s'il a dénoncé au coup précédent et à ne pas dénoncer autrement (y compris au premier coup). C'est une stratégie qui pardonne les écarts. Au contraire la stratégie sévère ne pardonne pas ; elle consiste à dénoncer tout le temps dès que l'autre joueur a dénoncé ne serait-ce qu'un seule fois.

TABLE 15.5 – Matrice de gain pour un jeu répété.

	dénoncer	ne pas dénoncer
dénoncer	-4,-4	0,-10
ne pas dénoncer	-10,0	-1,-1

Exercice : On suppose que les gains sont soumis à un taux d'intérêt ti d'un coup sur l'autre. Un gain g au temps 0 vaut $g \times (1 + ti)$ au temps 1, et ainsi de suite. Analyser les stratégies Oeil pour oeil et Sévère pour le jeu de la matrice de gain 15.5. A partir de quel taux d'intérêt amènent elles à la coopération ?

15.5 Corrigés des exercices

15.5.1 Le dilemme du prisonnier

La matrice de gain s'écrit :

TABLE 15.6 – Un dilemme du prisonnier.

	dénoncer	ne pas dénoncer
dénoncer	-4,-4	0,-10
ne pas dénoncer	-10,0	-1,-1

L'équilibre de Nash est (dénoncer,dénoncer).

15.5.2 Équilibre de Nash

Si on trace des flèches des cases dominées vers les cases dominantes, on trouve que l'équilibre de Nash de la matrice de la table 15.1 est en (Z,B) avec des gains de (10,5). C'est la seule case qui n'a aucune flèche sortante.

On peut aussi trouver des lignes et de colonnes dominées et les éliminer au fur et à mesure de la matrice.

15.5.3 Pierre feuille ciseaux

La matrice de gain s'écrit :

TABLE 15.7 – Pierre ciseaux papier.

	pierre	ciseaux	feuille
pierre	0,0	1,-1	-1,1
ciseaux	-1,1	0,0	1,-1
feuille	1,-1	-1,1	0,0

Il n'y a pas d'équilibre de Nash en stratégie pure (en stratégie mixte l'équilibre de Nash correspond à une probabilité de $\frac{1}{3}$ sur chaque stratégie).

15.5.4 Jeu de stratégie temps réel

La matrice de gain s'écrit :

TABLE 15.8 – Jeu de stratégie temps réel.

	Chemin1	Chemin2
Chemin1	20,-20	2,-2
Chempin2	12,-12	10,-10

L'équilibre de Nash est que les deux joueurs utilisent le deuxième chemin.

15.5.5 Stratégie mixte

Soit p la probabilité de choisir X pour le premier joueur, et $1 - p$ la probabilité de choisir Y.

Soit q la probabilité de choisir A pour le deuxième joueur, et $1 - q$ la probabilité de choisir B.

Le premier joueur choisit p de façon à ce que A et B soient indifférents pour le deuxième joueur, les espérances associées à A et B doivent donc être égales. On a donc :

$Esperance(A) = 0 \times p + 85 \times (1 - p) = 85 \times (1 - p)$

$Esperance(B) = 15 \times p + 0 \times (1 - p) = 15 \times p$

Or $Esperance(A) = Esperance(B)$ d'où :

$85 \times (1 - p) = 15 \times p$

$85 = 100 \times p$

$p = 0.85$

Le deuxième joueur choisit q de façon à ce que X et Y soient indifférents pour le premier joueur, ils ont donc des espérances égales :

$Esperance(X) = Esperance(Y)$

$20 \times q + 0 \times (1 - q) = 0 \times q + 15 \times (1 - q)$

$20 \times q = 15 - 15 \times q$

$q = \frac{15}{35} = \frac{3}{7}$

15.5.6 Jeu répété

Contre Oeil pour oeil, si on coopère tout le temps on obtient comme gain au temps t :

$-1 \times (1 + ti)^t - ... - 1 \times (1 + ti)^2 - 1 \times (1 + ti) - 1$

Si on commence par trahir puis qu'on coopère on obtient au temps t :

$-1 \times (1 + ti)^t - ... - 1 \times (1 + ti)^2 - 10 \times (1 + ti) - 0$

Ce qui fait que la coopération est intéressante si :

$-1 \times (1 + ti) - 1 > -10 \times (1 + ti) - 0$

soit $9 \times (1 + ti) > 1$

soit $1 + ti > \frac{1}{9}$

soit $ti > -\frac{8}{9}$

Contre Sévère, si on coopère tout le temps on obtient comme gain :

$-1 \times (1 + ti)^t - ... - 1 \times (1 + ti)^2 - 1 \times (1 + ti) - 1$

Si on trahit tout le temps on obtient :

$-4 \times (1 + ti)^t - ... - 4 \times (1 + ti)^2 - 4 \times (1 + ti) - 0$

or $\sum_{k=1}^{t}(1 + ti)^{k-1} = \frac{(1+ti)^t - 1}{ti}$

La coopération est intéressante si :

$-\frac{(1+ti)^{t+1}-1}{ti} > -4 \times \frac{(1+ti)^{t+1}-1}{ti} + (1 + ti) + 1 - 4 \times (1 + ti)$

$3 \times \frac{(1+ti)^{t+1}-1}{ti} > 1 - 3 \times (1 + ti)$

$\frac{(1+ti)^{t+1}-1}{ti} > -ti - \frac{2}{3}$

$\frac{(1+ti)^{t+1}-1}{ti} + ti > -\frac{2}{3}$

ce qui est toujours le cas si $ti > 0$.

Chapitre 16

Jeux généraux

16.1 Introduction

Une des critiques faite à la recherche en Intelligence Artificielle est la trop grande spécialisation de ses applications. Par exemple les meilleurs programmes d'Échecs ne savent jouer qu'aux Échecs. Si on leur demande de jouer à un autre jeu, ils en sont incapables.

Pour faire avancer la recherche sur des programmes plus généraux, une compétition annuelle de General Game Playing a été lancée depuis 2005. Le principe est que les programmes ne connaissent les règles du jeu auquel il vont jouer que juste avant d'y jouer. Ils ne peuvent donc pas être spécialisés sur le jeux, à moins de se spécialiser automatiquement et rapidement.

16.2 Le langage de description de jeux

Le langage GDL utilisé pour décrire les jeux est fondé sur la logique des prédicats du premier ordre. Il est habituellement converti vers Prolog. Il comporte un certain nombre de mots clés et de convention qui permettent par exemple de retrouver les coups possibles ou de savoir si une partie est finie et quel est son résultat.

Les mots clés sont les suivants :

- (**ROLE** joueur) permet d'identifier les différents joueurs. Les jeux peuvent comporter un, deux ou plusieurs joueurs.
- **TERMINAL** est vérifié si le jeu est terminé.
- (**GOAL** joueur score) donne le score entre 0 et 100 obtenu par le joueur.
- (**LEGAL** joueur coup) permet de récupérer les coups légaux d'un joueur. Tous les joueurs jouent des coups à tous les tours ce qui revient pour les jeux usuels à deux

joueurs à faire passer un des deux joueurs.
- (**DOES** joueur coup) donne le dernier coup joué par le joueur.
- (**INIT** fait) permet de décrire la position initiale du jeu.
- (**NEXT** fait) permet de donner les faits qui seront vrais après un coup.

Voici un exemple de jeu très simple en GDL qui consiste à jouer 0 ou 1, le gagnant étant celui qui a joué le plus grand nombre :

```
(ROLE gauche) (ROLE droit) ; les joueurs

(INIT (played no)) ; position initiale

(LEGAL (DOES ?player (tell 0))) ; les coups légaux
(LEGAL (DOES ?player (tell 1)))

(<= (NEXT (value ?p ?x)) ; les transitions
(DOES ?p (tell ?x)))

(<= (NEXT (played yes)))

(<= TERMINAL (TRUE (played yes))) ; la fin de partie

(<= (other ?x ?y) (role ?x) (role ?y)
(DISTINCT ?x ?y))

(<= (GOAL ?p 0) (TRUE (value ?p 0)) ; les scores
(other ?p ?op) (TRUE (value ?op 1)))

(<= (GOAL ?p 50) (TRUE (value ?p ?x))
(other ?p ?op) (TRUE (value ?op ?x)))

(<= (GOAL ?p 100) (TRUE (value ?p 1))
(other ?p ?op) (TRUE (value ?op 0)))
```

16.3 Méthode de Monte-Carlo

Les meilleurs programmes de General Game Playing comme Ary [60] utilisent l'algorithme UCT. Une autre approche qui a eu moins de succès est la génération automatique de fonction d'évaluation pour un algorithme Alpha-Bêta.

Bibliographie

[1] M. H. Albert, R. J. Nowakowski, and D. Wolfe. *Lessons in play.* A K Peters, 2007.

[2] L. .V Allis. A knowledge-based approach to connect-four. The game is solved : White wins. Master thesis, Vrije Universitat Amsterdam, 1994.

[3] L. Victor Allis, H. Jaap van den Herik, and M. P. H. Huntjens. Go-Moku Solved by New Search Techniques. *Computational Intelligence*, 12 :7–23, 1996.

[4] L.V. Allis, M. van der Meulen, and H. J. Herik. Proof-number search. *Artificial Intelligence*, 66(1) :91–124, 1994.

[5] C. Berge. Packing problems. *Studies on Graphs and Discrete Programming, Ann. Disc. Math.*, 11 :15, 1981.

[6] E. Berlekamp, J. H. Conway, and R. K. Guy. *Winning Ways.* Academic Press, 1982.

[7] H. Berliner. The B* Tree Search Algorithm : a best-first proof procedure. *Artificial Intelligence*, 12 :23–40, 1979.

[8] H. Berliner, G. Goetsch, M. Campbell, and C. Ebeling. Measuring the performance potential of chess programs. *Artificial Intelligence*, 43(1) :7–21, 1990.

[9] H. J. Berliner and C. McConnell. B* probability based search. *Artif. Intell.*, 86(1) :97–156, 1996.

[10] D. Billings and Y. Björnsson. Search and knowledge in lines of action. In *ACG*, pages 231–248, 2003.

[11] D. Billings, N. Burch, A. Davidson, R. Holte, J. Schaeffer, T. Schauenberg, and D. Szafron. Approximating game-theoretic optimal strategies for full-scale poker. In *International Joint Conference on Artificial Intelligence*, volume 18, pages 661–668. Citeseer, 2003.

[12] B. Bouzy and T. Cazenave. Computer Go : An AI-Oriented Survey. *Artificial Intelligence*, 132(1) :39–103, October 2001.

[13] D. Breuker. Memory versus search in games. Phd thesis, Maastricht University, 1999.

[14] T. Cazenave. Automatic Acquisition of Tactical Go Rules. In *Game Programming Workshop in Japan '96*, pages 10–19, Kanagawa, Japan, 1996.

[15] T. Cazenave. Automatic ordering of predicates by metarules. In *5th International Workshop on Metaprogramming and Metareasoning in Logic*, Bonn, 1996.

[16] T. Cazenave. Système d'Apprentissage Par Auto-Observation. Application au jeu de Go. Phd thesis, Université Paris 6, December 1996.

[17] T. Cazenave. Speedup Mechanisms For Large Learning Systems. In *IPMU 1998*, Paris, France, 1998.

[18] T. Cazenave. Iterative Widening. In *Proceedings of Workshop of the 2000 Computer Olympiad*, London, 2000.

[19] T. Cazenave. Generation of Patterns With External Conditions for the Game of Go. In H.J. van den Herik and B. Monien, editors, *Advance in Computer Games 9*, pages 275–293. Universiteit Maastricht, Maastricht, 2001.

[20] T. Cazenave. Iterative Widening. In *Proceedings of IJCAI-01, Vol. 1*, pages 523–528, Seattle, 2001.

[21] T. Cazenave. Abstract Proof Search. In T. Anthony Marsland and Ian Frank, editors, *Computers and Games 2000*, volume 2063 of *Lecture Notes in Computer Science*, pages 39–54. Springer, 2002.

[22] T. Cazenave. Admissible moves in two-player games. In *SARA 2002*, volume 2371 of *Lecture Notes in Computer Science*, pages 52–63, Kananaskis, Alberta, Canada, 2002. Springer.

[23] T. Cazenave. Metarules to improve tactical go knowledge. *Inf. Sci.*, 154(3-4) :173–188, 2003.

[24] T. Cazenave. A Phantom-Go program. In *Advances in Computer Games 2005*, volume 4250 of *Lecture Notes in Computer Science*, pages 120–125. Springer, 2006.

[25] T. Cazenave. Nested Monte-Carlo search. In *IJCAI*, pages 456–461, 2009.

[26] T. Cazenave. Partial move A*. In *ICTAI*, volume 2, pages 25–31, 2010.

[27] T. Cazenave and N. Jouandeau. Towards deadlock free Sokoban. In *Board Games Studies Colloquium*, Paris, France, 2010.

[28] T. Cazenave and Abdallah Saffidine. Score bounded Monte-Carlo tree search. In *Computers and Games*, 2010.

[29] J. H. Conway. *On Numbers and Games*. Academic Press, London/New-York, 1976.

[30] J. C. Culberson and J. Schaeffer. Pattern Databases. *Computational Intelligence*, 4(14) :318–334, 1998.

[31] G. Dejong and R. Mooney. Explanation based learning : an alternative view. *Machine Learning*, 1(2), 1986.

[32] E. D. Demaine, M. L. Demaine, and D. Eppstein. Phutball endgames are hard. In R. J. Nowakowski, editor, *More Games of No Chance*, MSRI Publications. Cambridge Univ. Press, 2002.

[33] A. Felner, R. E. Korf, and S. Hanan. Additive pattern database heuristics. *J. Artif. Intell. Res. (JAIR)*, 22 :279–318, 2004.

[34] A. Felner, R. E. Korf, R. Meshulam, and R. C. Holte. Compressed pattern databases. *J. Artif. Intell. Res. (JAIR)*, 30 :213–247, 2007.

[35] Fuego. http ://fuego.sourceforge.net/. Technical report.

[36] S. Gelly and D. Silver. Combining online and offline knowledge in UCT. In *ICML*, pages 273–280, 2007.

[37] M. L. Ginsberg. Partition Search. In Howard Shrobe and Ted Senator, editors, *AAAI-96*, pages 228–233, Menlo Park, California, 1996. AAAI Press.

[38] M. L. Ginsberg. GIB : Steps toward an expert-level bridge-playing program. In *IJCAI-99*, pages 584–589, Stockholm, Sweden, 1999.

[39] G. Goetsch and M. S. Campbell. Experiments with the null-move heuristic. In T. A. Marsland and J. Schaeffer, editors, *Computers, Chess and Cognition*, pages 159–168. Springer-Verlag, New York, 1996.

[40] A. V. Goldberg and C. Harrelson. Computing the shortest path : A* search meets graph theory. In *SODA'05*, 2005.

[41] P. Hart, N. Nilsson, and B. Raphael. A formal basis for the heuristic determination of minimum cost paths. *IEEE Trans. Syst. Sci. Cybernet.*, 4(2) :100–107, 1968.

[42] W. D. Harvey and M. L. Ginsberg. Limited discrepancy search. In Chris S. Mellish, editor, *IJCAI-95*, pages 607–615, Montréal, Québec, Canada, August 20-25 1995. Morgan Kaufmann.

[43] J. Hopcroft, J. Schwartz, and M. Sharir. On the complexity of motion planning for multiple independent objects : Pspace-hardness of the warehouseman's problem. *International Journal of Robotics Research*, 3(4), 1984.

[44] S. Huang, R. Coulom, and S. Lin. Monte-Carlo simulation balancing in practice. In *Computers and Games*, 2010.

[45] T. Ishida. Real-time search for autonomous agents and multiagent systems. *Autonomous Agents and Multi-Agent Systems*, 1(2) :139–167, 1998.

[46] T. Ishida and R. E. Korf. Moving target search. In *IJCAI*, pages 204–211, 1991.

[47] A. Junghanns and J. Schaeffer. Search versus knowledge in game-playing programs revisited. In *IJCAI*, pages 692–697, 1997.

[48] G. Kendall, A. Parkes, and K. Spoerer. A survey of NP-complete puzzles. *ICGA Journal*, 31(1) :13–34, 2008.

[49] A. Kishimoto and M. Müller. Df-pn in Go : an application to the one-eye problem. In *Advances in computer games 10*, pages 125–141, 2003.

[50] D.E. Knuth. *The art of computer programming. Volume 3 : sorting and searching*. Addison-Wesley, Reading MA, USA, 1973.

[51] D.E. Knuth and R.W. Moore. An analysis of alpha-beta pruning. *Artificial Intelligence*, 6(4) :293–326, 1975.

[52] R. E. Korf. Depth-first iterative-deepening : an optimal admissible tree search. *Artificial Intelligence*, 27(1) :97–109, 1985.

[53] R. E. Korf. Macro-operators : A weak method for learning. *Artif. Intell.*, 26(1) :35–77, 1985.

[54] R. E. Korf. Real-time heuristic search. *Artif. Intell.*, 42(2-3) :189–211, 1990.

[55] R. E. Korf. Linear-space best-first search. *Artif. Intell.*, 62(1) :41–78, 1993.

[56] R. E. Korf. Finding optimal solutions to rubik's cube using pattern databases. In *AAAI-97*, pages 700–705, 1997.

[57] M. Lanctot, K. Waugh, M. Zinkevich, and M. Bowling. Monte carlo sampling for regret minimization in extensive games. In *Advances in Neural Information Processing Systems 22 (NIPS)*, pages 1078–1086, 2009.

[58] R. J. Lorentz. Amazons discover monte-carlo. In *Computers and Games*, pages 13–24, 2008.

[59] D. A. McAllester. Conspiracy numbers for min-max search. *Artif. Intell.*, 35(3) :287–310, 1988.

[60] J. Méhat and T. Cazenave. Combining UCT and Nested Monte-Carlo Search for Single-Player General Game Playing. *IEEE Transactions on Computational Intelligence and Artificial Intelligence in Games*, 2010.

[61] D. Michie. A theory of advice. *Machine Intelligence*, 8 :151–170, 1977.

[62] J. A. Michon. The game of JAM : An isomorph of tic-tac-toe. *American Journal of Psychology*, 80 :137–140, 1967.

[63] T. M. Mitchell, R. M. Keller, and S. T. Kedar-Kabelli. Explanation-based generalization : A unifying view. *Machine Learning*, 1(1), 1986.

[64] A. Nagai. Df-pn algorithm for searching AND/OR trees and its applications. Phd thesis, Department of Information Science, University of Tokyo, 2002.

[65] J. Nunn. Extracting information from endgame databases. *ICCA Journal*, 16(4) :191–200, 1993.

[66] J. Nunn. *Secrets of pawnless endings*. Gambit Publications, 2002.

[67] J. Pitrat. Realization of a program learning to find combinations at chess. In J. C. Simon, editor, *Computer Oriented Learning Processes*, number 14 in Series E : Applied Science, Noordhoff, Leyden, 1976. NATO Advanced Study Institutes Series.

[68] A. Plaat, J. Schaeffer, W. Pils, and A. de Bruin. Best-first fixed depth minimax algorithms. *Artificial Intelligence*, 87 :255–293, November 1996.

[69] S. Plenkner. A null-move technique impervious to zugzwang. *ICCA Journal*, 18(2) :82–84, 1995.

[70] J. W. Romein and H. E. Bal. Solving awari with parallel retrograde analysis. *IEEE Computer*, 36(10) :26–33, 2003.

[71] D.J. Rosenkrantz, R.E. Stearns, and P.M. Lewis. An analysis of several heuristics for the traveling salesman problem. *Fundamental Problems in Computing*, pages 45–69, 2009.

[72] A. Sadikov, I. Bratko, and I. Kononenko. Search versus knowledge : an empirical study of minimax on krk. In *Advances in Computer Games : Many Games, Many Challenges*, pages 33–44, 2003.

[73] M. P. D. Schadd, M. H. M. Winands, H. J. van den Herik, G. Chaslot, and J. W. H. M. Uiterwijk. Single-player Monte-Carlo tree search. In *Computers and Games*, pages 1–12, 2008.

[74] M.P.D. Schadd, M.H.M. Winands, J.W.H.M. Uiterwijk, H.J. van den Herik, and M.H.J. Bergsma. Best play in fanorona leads to draw. *New Mathematics and Natural Computation*, 4(3) :369–387, 2008.

[75] J. Schaeffer. The history heuristic. *ICCA Journal*, 6(3) :16–19, 1983.

[76] J. Schaeffer. The history heuristic and alpha-beta search enhancements in practice. *IEEE Transactions on Pattern Analysis and Machine Intelligence*, 11(11) :1203–1212, 1989.

[77] J. Schaeffer. Conspiracy Numbers. *Artificial Intelligence*, 43 :67–84, 1990.

[78] J. Schaeffer. *One Jump Ahead : Challenging Human Supremacy at Checkers*. Springer-Verlag, New York, NY, 1997.

[79] J. Schaeffer. Search ideas in chinook. In Jaap van den Herik and Hiroyuki Iida, editors, *Games in AI Research*, pages 19–30. 2000.

[80] J. Schaeffer, N. Burch, Y. Bjornsson, A. Kishimoto, M. Muller, R. Lake, P. Lu, and S. Sutphen. Checkers is solved. *Science*, 317(5844) :1518, 2007.

[81] M. Seo, H. Iida, and J. W. H. M. Uiterwijk. The pn^*-search algorithm : Application to tsume-shogi. *Artif. Intell.*, 129(1-2) :253–277, 2001.

[82] D. Silver. Cooperative pathfinding. In *AIIDE*, pages 117–122, 2005.

[83] H. Simonis. Sudoku as a constraint problem. *Proc. 4th Int. Works. Modelling and Reformulating Constraint Satisfaction Problems*, pages 13–27, 2005.

[84] G.C. Stockman. A minimax algorithm better than Alpha-Beta ? *Artificial Intelligence*, 12 :179–196, 1979.

[85] B. Stout. Smart moves : Intelligent path-finding. *Game Developper Magazine.*, pages 28–35, October 1996.

[86] O. D. Tabibi and N. S. Netanyahu. Verified null-move pruning. *ICGA Journal*, 25(3) :153–161, September 2002.

[87] K. Thompson. Retrograde analysis of certain endgames. *ICCA Journal*, 9(3) :131–139, 1986.

[88] K. Thompson. 6-piece endgames. *ICCA Journal*, 19(4) :215–226, 1996.

[89] T. Thomsen. Lambda-search in game trees - with application to Go. *ICGA Journal*, 23(4) :203–217, 2000.

[90] K. C. Wang and A. Botea. Tractable multi-agent path planning on grid maps. In *IJCAI*, pages 1870–1875, 2009.

[91] K. C. Wang and A. Botea. Scalable multi-agent pathfinding on grid maps with tractability and completeness guarantees. In *ECAI*, pages 977–978, 2010.

[92] M. H. M. Winands and Y. Björnsson. Evaluation function based monte-carlo loa. In *ACG*, pages 33–44, 2009.

[93] M. H. M. Winands, Y. Björnsson, and J. Saito. Monte-carlo tree search solver. In *Computers and Games*, pages 25–36, 2008.

[94] A. Zobrist. A new hashing method with application for game playing. Technical Report 88, Computer Science Department, University of Wisconsin, Madison, 1970.

Cet ouvrage a été achevé d'imprimer en mai 2011
dans les ateliers de Normandie Roto Impression s.a.s.
61250 Lonrai
N° d'impression : 111803
Dépôt légal : mai 2011

Imprimé en France